大方廣佛華嚴經卷第三十一變相
迴向品第二十五之九

大方廣佛華嚴經

일러두기

1. 『대방광불화엄경 강설』 원문原文의 저본底本은 근세에 교정이 가장 잘 되었다고 정평이 나 있는 대만臺灣의 불타교육기금회佛陀敎育基金會에서 출판한 『화엄경소초華嚴經疏鈔』본입니다.

2. 『대방광불화엄경 강설』은 실차난타實叉難陀가 695년부터 699년까지 4년에 걸쳐 번역해 낸 80권본卷本 『대방광불화엄경』을 우리말로 옮기고 강설을 붙인 것입니다.

3. 『대방광불화엄경』은 애초 산스크리트에서 한역漢譯된 경전이지만 현재 산스크리트본은 소실된 상태입니다. 산스크리트를 음차한 경우 굳이 원래 소리를 표기하려고 하기보다는 『표준국어대사전』이나 『불교사전』 등에 등재된 한자음을 사용하는 것을 원칙으로 하였습니다.

4. 경문의 한글 번역은 동국역경원본을 참고하여 그대로 또는 첨삭을 하며 의미대로 번역하고 다듬었습니다.

5. 각 품마다 내용에 따라 단락을 나누고 제목을 달았습니다. 단락의 제목은 주로 청량淸凉스님의 견해에 기초하였고 이통현李通玄장자의 견해를 참고로 하였습니다.

6. 『대방광불화엄경 강설』의 발행 순서는 한역 경전의 편재 순서를 기준으로 하였고 각 권은 단행본 한 권씩으로 출간될 예정이며 모두 80권으로 완간됩니다. 다만 80권본에 빠져 있는 「보현행원품」은 80권본 완역 및 강설 후 시리즈에 포함돼 추가될 예정입니다.

7. 『대방광불화엄경 강설』 안에서 불교용어를 풀이한 것은 운허스님이 저술하고 동국역경원에서 편찬한 『불교사전』을 인용하였습니다.

8. 각주의 청량스님의 소疏는 대만에서 입력한 大方廣佛華嚴經 사이트의 것을 사용하였습니다.

9. 『대방광불화엄경 강설』 입법계품에 들어가는 문수지남도는 북송北宋시대 불국佛國선사가 선재동자가 53명의 선지식을 친견하여 법을 구하는 장면을 하나하나 그림으로 그린 것입니다.

대방광불화엄경 강설
제 31 권

二十五. 십회향품十廻向品 9

실차난타實叉難陀 한역
무비스님 강설

서문

불교의 가장 큰 목적은 해탈解脫입니다.

집착이 없고 속박이 없는 해탈입니다.

의 · 식 · 주 문제로부터의 해탈이며, 모든 인간관계로부터의 해탈이며, 재물과 이성과 음식과 명예와 오래 사는 것으로부터의 해탈이며, 일체 존재로부터의 해탈이며, 나아가서 온갖 고통과 무수한 번뇌와 죽음으로부터도 해탈하는 것입니다. 이 모든 문제로부터 집착도 없고 속박도 없이 마치 태양이 먹구름으로부터 벗어나듯이 벗어나 해탈하는 것입니다.

이와 같은 해탈을 불교에서는 가장 크고 위대한 선행善行이라고 합니다. 그리고 먼저 자신이 해탈이라는 선행을 성취하는 것이며, 그 해탈을 다시 다른 사람이 성취하도록 회향廻向하여 가르치고 도와주는 일이 불교가 하는 가장 중요한 일입니다.

세존께서는 일찍이 스스로 모든 문제로부터의 해탈이라는

선행을 성취하시고 나서 그 해탈을 다시 무수한 사람들에게 회향하여 다 같이 누리도록 하기 위해서 80세에 이르도록 인도의 그 뜨거운 햇볕을 견디고 곳곳을 다니시며 법을 설하셨습니다. 그리고 2천6백여 년의 세월 동안 무수한 선지식들이 출현하여 이 해탈이라는 선행을 가르쳐서 회향하였습니다. 불교는 앞으로도 영원히 이 해탈이라는 선행을 회향하는 보살행을 할 것입니다.

불교에서는 이와 같이 그 목적을 향해, 가야 할 길이 너무나 분명하기 때문에 하루의 일과 중에도 조석예불朝夕禮佛에서부터 계정혜戒定慧의 삼학三學으로 해탈을 성취하고, 다시 그 해탈을 다른 사람에게 회향해야 한다는 해탈의 지견知見을 목청껏 읊조립니다.

대심범부大心凡夫인 화엄행자華嚴行者들이여, 부디 모든 문제로부터 해탈합시다. 그리고 그 해탈을 일체 중생이 다 같이 누리도록 널리 회향합시다.

2015년 8월 1일

신라 화엄종찰 금정산 범어사

如天 無比

대방광불화엄경 목차

제1권 1. 세주묘엄품世主妙嚴品 [1]
제2권 1. 세주묘엄품世主妙嚴品 [2]
제3권 1. 세주묘엄품世主妙嚴品 [3]
제4권 1. 세주묘엄품世主妙嚴品 [4]
제5권 1. 세주묘엄품世主妙嚴品 [5]
제6권 2. 여래현상품如來現相品
제7권 3. 보현삼매품普賢三昧品
4. 세계성취품世界成就品
제8권 5. 화장세계품華藏世界品 [1]
제9권 5. 화장세계품華藏世界品 [2]
제10권 5. 화장세계품華藏世界品 [3]
제11권 6. 비로자나품毘盧遮那品
제12권 7. 여래명호품如來名號品
8. 사성제품四聖諦品
제13권 9. 광명각품光明覺品
10. 보살문명품菩薩問明品
제14권 11. 정행품淨行品
12. 현수품賢首品 [1]
제15권 12. 현수품賢首品 [2]
제16권 13. 승수미산정품昇須彌山頂品
14. 수미정상게찬품須彌頂上偈讚品
15. 십주품十住品
제17권 16. 범행품梵行品
17. 초발심공덕품初發心功德品
제18권 18. 명법품明法品
제19권 19. 승야마천궁품昇夜摩天宮品
20. 야마천궁게찬품夜摩天宮偈讚品
21. 십행품十行品 [1]
제20권 21. 십행품十行品 [2]
제21권 22. 십무진장품十無盡藏品
제22권 23. 승도솔천궁품昇兜率天宮品
제23권 24. 도솔궁중게찬품兜率宮中偈讚品
25. 십회향품十廻向品 [1]
제24권 25. 십회향품十廻向品 [2]
제25권 25. 십회향품十廻向品 [3]
제26권 25. 십회향품十廻向品 [4]
제27권 25. 십회향품十廻向品 [5]
제28권 25. 십회향품十廻向品 [6]
제29권 25. 십회향품十廻向品 [7]
제30권 25. 십회향품十廻向品 [8]
제31권 25. 십회향품十廻向品 [9]
제32권 25. 십회향품十廻向品 [10]
제33권 25. 십회향품十廻向品 [11]
제34권 26. 십지품十地品 [1]
제35권 26. 십지품十地品 [2]
제36권 26. 십지품十地品 [3]
제37권 26. 십지품十地品 [4]
제38권 26. 십지품十地品 [5]

제39권 26. 십지품十地品 [6]
제40권 27. 십정품十定品 [1]
제41권 27. 십정품十定品 [2]
제42권 27. 십정품十定品 [3]
제43권 27. 십정품十定品 [4]
제44권 28. 십통품十通品
29. 십인품十忍品
제45권 30. 아승지품阿僧祇品
31. 여래수량품如來壽量品
32. 보살주처품菩薩住處品
제46권 33. 불부사의법품佛不思議法品 [1]
제47권 33. 불부사의법품佛不思議法品 [2]
제48권 34. 여래십신상해품如來十身相海品
35. 여래수호광명공덕품 如來隨好光明功德品
제49권 36. 보현행품普賢行品
제50권 37. 여래출현품如來出現品 [1]
제51권 37. 여래출현품如來出現品 [2]
제52권 37. 여래출현품如來出現品 [3]
제53권 38. 이세간품離世間品 [1]
제54권 38. 이세간품離世間品 [2]
제55권 38. 이세간품離世間品 [3]
제56권 38. 이세간품離世間品 [4]
제57권 38. 이세간품離世間品 [5]
제58권 38. 이세간품離世間品 [6]
제59권 38. 이세간품離世間品 [7]
제60권 39. 입법계품入法界品 [1]
제61권 39. 입법계품入法界品 [2]
제62권 39. 입법계품入法界品 [3]
제63권 39. 입법계품入法界品 [4]
제64권 39. 입법계품入法界品 [5]
제65권 39. 입법계품入法界品 [6]
제66권 39. 입법계품入法界品 [7]
제67권 39. 입법계품入法界品 [8]
제68권 39. 입법계품入法界品 [9]
제69권 39. 입법계품入法界品 [10]
제70권 39. 입법계품入法界品 [11]
제71권 39. 입법계품入法界品 [12]
제72권 39. 입법계품入法界品 [13]
제73권 39. 입법계품入法界品 [14]
제74권 39. 입법계품入法界品 [15]
제75권 39. 입법계품入法界品 [16]
제76권 39. 입법계품入法界品 [17]
제77권 39. 입법계품入法界品 [18]
제78권 39. 입법계품入法界品 [19]
제79권 39. 입법계품入法界品 [20]
제80권 39. 입법계품入法界品 [21]
제81권 40. 보현행원품普賢行願品

대방광불화엄경 강설 제31권

二十五. 십회향품十廻向品 9

4. 금강당보살이 열 가지 회향을 설하다

11) 제9 무착무박해탈회향 ······························ 14

(1) 회향할 바의 선근 ······························ 14

(2) 회향하는 행을 수행하다 ······························ 20

(3) 보현의 삼업과 정진 ······························ 21

(4) 보현의 총지의 덕 사문 ······························ 23

(5) 보현의 자재한 힘의 십이문 ······························ 26

1〉 일다자재의 구원 ······························ 26

2〉 광대하고 자재한 삼원 ······························ 35

(6) 보현행의 칠원 ······························ 38

1〉 신통의 사원 ······························ 38

2〉 사변의 삼원 ······························ 42

(7) 법을 섭함이 광대하고 자재한 덕 ······ 45
1〉 지혜의 삼원 ······ 45
2〉 이익의 이원 ······ 49
3〉 광대한 삼업의 일원 ······ 51
4〉 청정한 삼업의 일원 ······ 52
5〉 제근삼업의 일원 ······ 54
6〉 신통력삼업의 일원 ······ 57
(8) 상즉상입의 중중덕 ······ 59
1〉 보현문에 들어가는 삼원 ······ 59
2〉 보현방편의 삼원 ······ 63
3〉 보현지위의 이원 ······ 67
4〉 보현대지의 사원 ······ 76
5〉 보현문설의 이원 ······ 80
6〉 보현의 요지제근의 일원 ······ 85
(9) 보현의 미세하게 법을 아는 덕 ······ 86
1〉 세간법을 아는 미세한 지혜 ······ 86
2〉 중생들의 갈래를 아는 미세한 지혜 ······ 89
3〉 보살행의 덕을 아는 미세한 지혜 ······ 91

4〉 보살 지위의 덕을 아는 미세한 지혜 ······ 96
5〉 중생세계를 아는 미세한 지혜 ······ 108
6〉 세계를 아는 미세한 지혜 ······ 112
7〉 법계를 아는 미세한 지혜 ······ 118
8〉 겁을 아는 미세한 지혜 ······ 123
9〉 법을 아는 미세한 지혜 ······ 128
10〉 일체를 아는 미세한 지혜 ······ 132
(10) 실제회향 ······ 135
(11) 여러 문을 모두 맺다 ······ 141
(12) 이익 이룸을 밝히다 ······ 142
(13) 과위를 밝히다 ······ 146
(14) 금강당보살의 게송 ······ 150
1〉 회향할 바의 선근 ······ 150
2〉 보현의 구경의 경지 ······ 153
3〉 세간의 미세한 지혜 ······ 154
4〉 중생들의 갈래 ······ 156
5〉 중생들의 세계 ······ 157
6〉 보살의 행과 덕 ······ 159

7〉 팔상성도의 인과 ······························ 162
8〉 능히 아는 덕을 밝히다 ························ 184
9〉 겁을 아는 지혜 ································ 187
10〉 세간을 아는 지혜 ···························· 188
11〉 법계를 아는 지혜 ···························· 189
12〉 법을 아는 지혜 ································ 191
13〉 일체 법을 아는 지혜 ························ 191
14〉 이익 이룸을 밝히다 ························ 193
15〉 과위를 말하다 ································ 195

대방광불화엄경 강설

제31권

二十五. 십회향품 9

4. 금강당보살이
열 가지 회향을 설하다

11) 제9 무착무박해탈회향無着無縛解脫廻向

(1) 회향할 바의 선근善根

불자　운하위보살마하살　무착무박해탈회
佛子야 云何爲菩薩摩訶薩의 無着無縛解脫廻

향　불자　시보살마하살　어일체선근　심생
向고 佛子야 是菩薩摩訶薩이 於一切善根에 心生

존중
尊重하나니

"불자들이여, 무엇을 보살마하살의 집착도 없고 속박도 없는 해탈의 회향이라 하는가. 불자들이여, 이 보살마하살이 일체 선근에 존중하는 마음을 내느니라."

십회향 중에 아홉 번째는 집착도 없고 속박도 없는 해탈[無着無縛解脫]의 회향이다. 집착 없음이 곧 해탈이며 속박 없음이 곧 해탈이다. 집착도 없고 속박도 없다는 것은 해탈을 다시 설명한 말이다. 불교를 공부하는 많은 사람들의 목적이 이 해탈이다. 욕심에서 벗어나고, 분노에서 벗어나고, 어리석음에서 벗어나고, 생사에서 벗어나고, 팔만사천 번뇌에서 벗어나는 것이 곧 해탈이다. 이와 같은 해탈은 일체 선근을 높이 받들어 귀중하게 여기는 마음, 즉 일체 선근을 존중하는 마음을 내는 것이다. 존중함으로 그것을 자신의 것으로 소유하게 되기 때문이다.

소 위 어 출 생 사　심 생 존 중
所謂於出生死에 **心生尊重**하며

"이른바 생사에서 벗어나는 데 존중하는 마음을 내느니라."

불교에서 말하는 선근에는 팔만사천 선근과 무량무변한 선근이 있으나 열 가지만 들었다. 불교의 목적을 때로는 생사에서 벗어나는 것이라고도 한다. 그러므로 생사에서 벗어나는 일은 훌륭한 선근이다. 이 선근을 높여 귀중하게 여겨야 한다. 높여 귀중하게 여기므로 생사에서 벗어나게 된다.

어섭취일체선근 심생존중 어희구일체
於攝取一切善根에 **心生尊重**하며 **於希求一切**
선근 심생존중
善根에 **心生尊重**하며

"일체 선근을 포섭하는 데 존중하는 마음을 내고, 일체 선근을 희망하여 구하는 데 존중하는 마음을 내느니라."

보살이 일체 선근을 포섭하고 일체 선근을 희망하여 구하는 것이 또한 훌륭한 선근이다. 이와 같은 일에 존중하는 마음을 내는 것이다. 일체 선근을 존중하므로 육바라밀과 십바라밀과 십선과 사섭법과 사무량심과 인의예지 등을 부지런히 닦아 성취하는 것이다.

어회제과업 심생존중
於悔諸過業에 **心生尊重**하며

"모든 허물을 뉘우치는 데 존중하는 마음을 내느니라."

허물을 뉘우치는 일은 수행자로서 더없이 값진 선근이다. 보현보살의 십대행원에도 참제업장懺諸業障이 있다. 지난날의 모든 죄업을 참회하고 앞으로 더 이상 결코 짓지 않겠다고 하는 맹세는 수행자가 반드시 닦아야 할 덕목이다. 그러므로 존중하는 마음을 내는 것이다.

어수희선근 심생존중
於隨喜善根에 **心生尊重**하며

"선근을 따라서 기뻐하는 데 존중하는 마음을 내느니라."

다른 사람의 선근 회향과 일체 선행을 따라서 기뻐하는 일은 큰 미덕이다. 그래서 사회에 좋은 일을 한 것이 신문에 보도가 되면 따라서 기뻐한다. 역시 보현보살의 십대행원에 남의 공덕을 따라서 기뻐한다는 수희공덕隨喜功德이 있다. 참으로 훌륭한 선근이다. 반드시 존중하는 마음을 내어야 한다.

어예경제불 심생존중 어합장공경 심생존중
於禮敬諸佛에 **心生尊重**하며 **於合掌恭敬**에 **心生尊重**하며

"모든 부처님께 예경하는 데 존중하는 마음을 내고, 합장하고 공경하는 데 존중하는 마음을 내느니라."

예경제불禮敬諸佛도 역시 보현보살의 십대행원에 해당한다. 모든 성현, 모든 사람, 모든 생명을 부처님으로 받들어 섬겨 공양 공경하고 존중 찬탄하는 것이다. 심지어 "나무대자연보살마하살" 하며 일체 자연현상에 합장 예배하며 존중하고 찬탄하기도 한다. 존중하고 찬탄하면 저절로 아끼고 돕고 유익하게 된다.

어정례탑묘 심생존중 어권불설법 심
於頂禮塔廟에 心生尊重하며 於勸佛說法에 心

생존중 어여시등종종선근 개생존중 수
生尊重이니 於如是等種種善根에 皆生尊重하야 隨

순인가
順忍可니라

"탑에 정례頂禮하는 데 존중하는 마음을 내고, 부처님께 법문 설하심을 청하는 데 존중하는 마음을 내느니라. 이와 같은 여러 가지 선근에 모두 존중하는 마음을 내어 수순하고 인가忍可하느니라."

부처님이나 조사님들의 탑묘에 예배하는 일은 훌륭한 선행이다. 그러므로 탑묘에 예배하는 일에 존중하는 마음을 내는 것이다. 또 부처님께나 보살들이나 조사들이나 정법을 잘 아는 선지식에게 법을 설하여 주기를 청하는 일은 큰 선행이다. 이와 같은 일에 존중하는 마음을 내는 것이다. 그 외에도 무수한 온갖 선행에 존중하는 마음을 내는 것이 그 선행을 수순하는 것이며 인가하는 것이다.

사람이 온갖 선행을 하고도 누구로부터도 존중을 받지

못한다면 그것은 곧 그 선행을 수순하는 사람이 없다는 뜻이며 다른 사람으로부터 인가를 받지 못한다는 뜻이다.

(2) 회향하는 행을 수행하다

불자 보살마하살 어피선근 개생존중
佛子야 **菩薩摩訶薩**이 **於彼善根**에 **皆生尊重**하야

수순인가시 구경흔락 견고신해 자득안
隨順忍可時에 **究竟欣樂**하며 **堅固信解**하며 **自得安**

주 영타안주
住하며 **令他安住**하며

"불자들이여, 보살마하살이 저러한 선근에 존중하는 마음을 내어 수순하고 인가할 때에 끝까지 기뻐하며 견고하게 믿고 이해하여, 자신이 편안히 머물고 다른 이도 편안히 머물게 하느니라."

온갖 선근에 존중하는 마음을 내어 수순하고 인가할 때에 한없이 기쁘다. 또 믿음과 이해가 견고해진다. 스스로도 편안하고 다른 사람도 편안하게 한다. 선근 회향이란 이와 같다.

근수무착 자재적집 성승지락 주여
勤修無着하며 自在積集하며 成勝志樂하며 住如

래경 세력증장 실득지견
來境하며 勢力增長하며 悉得知見하니라

"부지런히 닦아 집착이 없으며, 자재하게 모으고 훌륭한 뜻을 이루며, 여래의 경계에 머무르면서 세력이 증장하고 모두 알고 보느니라."

선행을 하면 가장 확실하고 명백한 공덕은 다시 또 쉽게 선행을 할 수 있다는 점이다. 그리고 자신이 한 선행에 집착이 없다. 마음껏 선행을 쌓아 갈 수 있다. 그래서 여래의 경지에 머물게 된다. 선행을 하는 힘이 더욱 증장하게 된다.

(3) 보현의 삼업三業과 정진

이제선근 여시회향 소위이무착무박
以諸善根으로 如是迴向하나니 所謂以無着無縛

해탈심 성취보현신업 이무착무박해탈
解脫心으로 成就普賢身業하며 以無着無縛解脫

심　청정보현어업　이무착무박해탈심
心으로 **清淨普賢語業**하며 **以無着無縛解脫心**으로

원만보현의업　이무착무박해탈심　발기
圓滿普賢意業하며 **以無着無縛解脫心**으로 **發起**

보현광대정진
普賢廣大精進하니라

"모든 선근으로 이와 같이 회향하느니라. 이른바 집착이 없고 속박이 없이 해탈한 마음으로써 보현의 몸으로 짓는 업을 성취하게 하느니라. 집착이 없고 속박이 없이 해탈한 마음으로써 보현의 말로 짓는 업을 청정하게 하느니라. 집착이 없고 속박이 없이 해탈한 마음으로써 보현의 뜻으로 짓는 업을 원만하게 하느니라. 집착이 없고 속박이 없이 해탈한 마음으로써 보현의 광대한 정진을 일으키느니라."

집착이 없고 속박이 없이 해탈한 마음으로써 보현의 몸으로 짓는 업을 성취하게 하고, 보현의 말로 짓는 업을 청정하게 하고, 보현의 뜻으로 짓는 업을 원만하게 하고, 보현의 광대한 정진을 일으키게 한다. 여기에서 보현普賢이란 부처

님 자비의 극점極點이다. 즉 부처님의 지극한 자비다. 이 뜻을 써서 보현보살이 등장하였으며 보현보살의 십대행원이 설해졌다. 집착이 없고 속박이 없이 해탈한 마음으로 선근을 닦아 회향하면 부처님의 지극한 자비의 몸과 말과 생각과 광대한 정진이 원만하게 됨을 밝힌 것이다.

이와 같은 형식으로 모두 101문의 원융하고 다함이 없고 깊고 넓고 걸림이 없는 보현의 자유자재한 덕행의 작용, 즉 부처님의 지극한 자비의 작용을 널리 나타내었다. 이것으로써 큰 회향을 삼았다. 그 가운데는 중생에게 회향하고 보리에 회향하는 등의 내용으로 구성되었으나 일일이 분석하고 배속하지는 않는다. 다만 하나하나의 내용만 천착하고 음미할 뿐이다.

(4) 보현의 총지總持의 덕 사문四門

이무착무박해탈심　구족보현무애음성다
以無着無縛解脫心으로 **具足普賢無礙音聲陀**

라니문　기성광대　보변시방
羅尼門하야 **其聲廣大**하야 **普徧十方**하며

"집착이 없고 속박이 없이 해탈한 마음으로 보현普賢의 걸림이 없는 음성 다라니문을 구족하나니, 그 음성이 광대하여 시방에 두루 하느니라."

다라니는 곧 '모두 지닌다.'는 총지의 뜻이다. 그것도 역시 보현이라는 부처님의 지극한 자비의 작용이다. 그래서 보현의 걸림이 없는 음성 다라니문을 구족하여, 그 음성이 광대하여 시방에 두루 하다. 집착이 없고 속박이 없이 해탈한 마음은 이와 같다.

이 무 착 무 박 해 탈 심　　구 족 보 현 견 일 체 불 다
以無着無縛解脫心으로 **具足普賢見一切佛陀**

라 니 문　　항 견 시 방 일 체 제 불
羅尼門하야 **恒見十方一切諸佛**하며

"집착이 없고 속박이 없이 해탈한 마음으로 보현의 모든 부처님을 보는 다라니문을 구족하여 시방의 일체 모든 부처님을 항상 보느니라."

집착이 없고 속박이 없이 해탈한 마음은 보현의 모든 부처님을 보는 총지로 시방의 일체 모든 부처님을 항상 보게 한다.

이무착무박해탈심 성취해료일체음성다
以無着無縛解脫心으로 **成就解了一切音聲陀**

라니문 동일체음 설무량법
羅尼門하야 **同一切音**하야 **說無量法**하며

"집착이 없고 속박이 없이 해탈한 마음으로 일체 음성을 아는 다라니문을 성취하여 일체 음성과 같은 한량없는 법을 연설하느니라."

집착이 없고 속박이 없이 해탈한 마음은 한량없는 법을 연설하는 다라니를 성취한다.

이무착무박해탈심 성취보현일체겁주다
以無着無縛解脫心으로 **成就普賢一切劫住陀**

라니문 보어시방 수보살행
羅尼門하야 普於十方에 修菩薩行하나니라

"집착이 없고 속박이 없이 해탈한 마음으로 보현의 모든 겁에 머무는 다라니문을 성취하고 시방세계에서 널리 보살의 행을 닦느니라."

집착이 없고 속박이 없이 해탈한 마음은 시방세계에서 온갖 바라밀과 가지가지 선행으로 보살행을 닦는다. 진정한 보살의 선행은 집착이 없고 속박이 없이 해탈한 마음이라야 마음껏 닦을 수 있다.

(5) 보현의 자재한 힘의 십이문十二門

1〉 일다자재一多自在의 구원九願

이무착무박해탈심 성취보현자재력
以無着無縛解脫心으로 成就普賢自在力하야

어일중생신중 시수일체보살행 진미래겁
於一衆生身中에 示修一切菩薩行호대 盡未來劫

상무간단 여일중생신 일체중생신
토록 常無間斷하고 如一衆生身하야 一切衆生身에도

실역여시
悉亦如是하며

"집착이 없고 속박이 없이 해탈한 마음으로 보현의 자재한 힘을 성취하여 한 중생의 몸에서 일체 보살의 행을 닦되, 미래의 겁이 다하도록 끊어지지 아니하며, 한 중생의 몸에서와 같이 일체 중생의 몸에서도 역시 그러하니라."

부처님의 지극한 자비의 작용으로서의 보현의 자재한 힘을 열두 가지로 밝혔다. 먼저 하나와 많음이 자유자재한 아홉 가지를 들었다. 한 중생의 몸 안에서 일체 보살의 행 닦음을 보이되 미래의 겁이 다하도록 끊어짐이 없다. 이와 같이 일체 중생도 그러하다. 즉 하나와 많음이 상즉상입相卽相入하는 이치이다. 집착이 없고 속박이 없이 해탈한 마음의 회향은 곧 현상계와 현상계[事事]가 걸림이 없는 이치에 들어간다.

이무착무박해탈심 성취보현자재력
以無着無縛解脫心으로 成就普賢自在力하야

보입일체중도량 보현일체제불전 수보
普入一切衆道場하고 普現一切諸佛前하야 修菩

살행
薩行하며

"집착이 없고 속박이 없이 해탈한 마음으로 보현의 자재한 힘을 성취하여 일체 대중의 도량에 널리 들어가서 일체 모든 부처님의 앞에서 보살의 행을 닦느니라."

보살은 집착이 없고 속박이 없이 해탈한 마음으로 선근을 닦아 중생에게 회향하는 일에서 보현의 자유자재한 힘을 얻는다. 집착이 없고 속박이 없이 해탈한 마음으로 선근을 닦아 회향하면 일체 대중의 도량에 널리 들어가서 일체 부처님 앞에 널리 나타난다. 만약 집착이 있고 속박이 있는, 대가를 바라는 마음으로 선근을 닦아 회향한다면 그 선근 회향은 빛이 나지 않을 것이다. 설사 조금 빛이 난다 하더라도 금세 사라지고 말 것이다. 집착이 없고 속박이 없이 해탈한 마음으로 회향하는 위신력은 이와 같다.

이무착무박해탈심 성취보현불자재력
以無着無縛解脫心으로 **成就普賢佛自在力**하야

어일문중 시현경불가설불가설겁 무유궁
於一門中에 **示現經不可說不可說劫**토록 **無有窮**

진 영일체중생 개득오입
盡하야 **令一切衆生**으로 **皆得悟入**하며

"집착이 없고 속박이 없이 해탈한 마음으로 보현부처님의 자재한 힘을 성취하여 한 문門에서 말할 수 없이 말할 수 없는 겁을 지내도 다함이 없음을 나타내 보여서, 일체 중생으로 하여금 깨달아 들어가게 하느니라."

집착이 없고 속박이 없이 해탈한 마음이 되면 선근 회향뿐 아니라 무엇을 하더라도 한 가지 일에서 무한한 작용을 무한한 세월 동안 나타내 보일 수 있으며 또한 일체 중생으로 하여금 깨달아 들어가게 한다. 그것이 보현부처님의 자재한 힘을 성취함이다. 집착이 없고 속박이 없이 해탈한 마음의 힘은 이와 같다.

보현이라는 말이 다양하게 등장한다. 보현은 부처님의 지극한 자비와 자비의 실천행을 뜻한다. 그러므로 보현은

곧 보현행이며, 보현부처님이며, 보현보살이며, 일체 보살의 실천행의 총칭이다.

이무착무박해탈심 성취보현불자재력
以無着無縛解脫心으로 **成就普賢佛自在力**하야

어종종문중 시현경불가설불가설겁 무유
於種種門中에 **示現經不可說不可說劫**토록 **無有**

궁진 영일체중생 개득오입 기신 보
窮盡하야 **令一切衆生**으로 **皆得悟入**하야 **其身**이 **普**

현일체불전
現一切佛前하며

"집착이 없고 속박이 없이 해탈한 마음으로 보현부처님의 자재한 힘을 성취하여 갖가지 문 가운데서 말할 수 없이 말할 수 없는 겁劫을 지나도 다함이 없음을 나타내 보여서, 일체 중생으로 하여금 깨달아 들어가서 그 몸이 모든 부처님 앞에 널리 나타나게 하느니라."

집착이 없고 속박이 없이 해탈한 마음은 일체 중생으로 하여금 다 깨달아 들어가서 그 몸이 일체 부처님 앞에 널리 나타나게 한다. 집착이 없고 속박이 없이 해탈한 마음은 이와 같이 자유자재하다.

이무착무박해탈심　　성취보현자재력
以無着無縛解脫心으로 **成就普賢自在力**하야

염념중　영불가설불가설중생　　주십력지
念念中에 **令不可說不可說衆生**으로 **住十力智**하야

심무피권
心無疲倦하며

"집착이 없고 속박이 없이 해탈한 마음으로 보현의 자재한 힘을 성취하여 잠깐잠깐 동안에 말할 수 없이 말할 수 없는 중생으로 하여금 십력十力의 지혜에 머무르되 마음에 고달픔이 없게 하느니라."

집착이 없고 속박이 없이 해탈한 마음으로 보현의 자재한 힘을 성취하면 다시 선근을 닦고 중생을 부처님의 경지인 십력의 지혜에 머무르게 하는 데 게으름이 없으며 피곤함이 없다. 집착이 없고 속박이 없이 해탈한 마음은 어떤 일도 훌

륭하게 성취한다.

이무착무박해탈심 성취보현자재력
以無着無縛解脫心으로 **成就普賢自在力**하야

어일체중생신중 현일체불자재신통 영일
於一切衆生身中에 **現一切佛自在神通**하야 **令一**

체중생 주보현행
切衆生으로 **住普賢行**하며

“집착이 없고 속박이 없이 해탈한 마음으로 보현의 자재한 힘을 성취하여 일체 중생의 몸속에서 모든 부처님의 자재한 신통을 나타내어 일체 중생으로 하여금 보현의 행行에 머물게 하느니라.”

일체 중생을 보현의 행에 머물게 하는 일은 불교의 이상이다. 부처님과 보살들과 조사들과 일체 선지식의 이상이며 꿈이다. 성품을 보고, 마음을 깨닫고, 참나를 보고, 차별이 없는 참사람임을 깨닫는 일도 궁극에는 일체 중생이 보현행을 펼쳐서 온 세상을 보살로 가득하게 하는 것이 목표다. 그래서 세상을 아름답고 향기롭게 하는 것이다. 집착이 없고 속박이 없이 해탈한 마음으로는 그것이 가능하다.

이무착무박해탈심　　성취보현자재력
以無着無縛解脫心으로 **成就普賢自在力**하야

어일일중생어언중　작일체중생어언　　영일
於一一衆生語言中에 **作一切衆生語言**하야 **令一**

체중생　　일일개주일체지지
切衆生으로 **一一皆住一切智地**하며

"집착이 없고 속박이 없이 해탈한 마음으로 보현의 자재한 힘을 성취하여 낱낱 중생의 말하는 소리 가운데서 일체 중생의 말을 하여 일체 중생으로 하여금 낱낱이 온갖 지혜의 자리에 머물게 하느니라."

지구상에 있는 무수한 중생의 말을 낱낱이 다 알고 낱낱이 다 말하여 그들로 하여금 모두 일체 지혜의 지위에 머물게 하는 것도 집착이 없고 속박이 없이 해탈한 마음으로 보현의 자재한 힘을 성취한 까닭이다.

이무착무박해탈심 성취보현자재력
以無着無縛解脫心으로 **成就普賢自在力**하야

어일일중생신중 보용납일체중생신 영개
於一一衆生身中에 **普容納一切衆生身**하야 **令皆**

자위성취불신
自謂成就佛身하며

"집착이 없고 속박이 없이 해탈한 마음으로 보현의 자재한 힘을 성취하여 낱낱 중생의 몸 가운데 일체 중생의 몸을 두루 용납하되 모두 스스로 생각하기를 '부처님 몸을 성취하였노라.' 고 하게 하느니라."

집착이 없고 속박이 없이 해탈한 마음은 낱낱 중생의 몸 가운데 일체 중생의 몸을 두루 용납한다. 또 용납한 일체 중생의 몸은 곧 부처님의 몸임을 안다. 모든 장애로부터 해탈한 선근 회향의 힘은 이와 같다.

이무착무박해탈심 성취보현자재력
以無着無縛解脫心으로 **成就普賢自在力**하야

능 이 일 화　장 엄 일 체 시 방 세 계
能以一華로 **莊嚴一切十方世界**하니라

"집착이 없고 속박이 없이 해탈한 마음으로 보현의 자재한 힘을 성취하여 능히 한 꽃으로 모든 시방세계를 장엄하느니라."

세계일화世界一花라는 말이 있다. 하나의 꽃으로 시방세계를 장엄할 수 있는 것은 곧 세계가 하나의 꽃이기 때문이다. 집착이 없고 속박이 없이 해탈한 마음으로 보현의 자재한 힘을 성취하면 그것이 곧 세계일화인 것이다.

2〉 광대하고 자재한 삼원三願

이 무 착 무 박 해 탈 심　성 취 보 현 자 재 력
以無着無縛解脫心으로 **成就普賢自在力**하야

출 대 음 성　보 변 법 계　주 문 일 체 제 불 국 토
出大音聲하야 **普徧法界**하고 **周聞一切諸佛國土**하야

섭 수 조 복 일 체 중 생
攝受調伏一切衆生하며

"집착이 없고 속박이 없이 해탈한 마음으로 보현의 자재한 힘을 성취하여 법계에 두루 하는 큰 음성을 내되 일체 모든 부처님의 국토에 들리게 하여 일체 중생을 거두어 조복하느니라."

진정한 설법으로 일체 중생을 섭수하여 조복하려면 집착이 없고 속박이 없이 해탈한 마음으로 보현의 자재한 힘을 성취하여야 한다. 집착이 없음도 해탈이요, 속박이 없음도 해탈이요, 보현의 자재한 힘도 해탈에서 온다.

이무착무박해탈심　성취보현자재력
以無着無縛解脫心으로 **成就普賢自在力**하야

진미래제불가설불가설겁　어염념중　실능
盡未來際不可說不可說劫토록 **於念念中**에 **悉能**

변입일체세계　이불신력　수념장엄
徧入一切世界하야 **以佛神力**으로 **隨念莊嚴**하며

"집착이 없고 속박이 없이 해탈한 마음으로 보현의 자재한 힘을 성취하여 말할 수 없이 말할 수 없는 미래

겁未來劫이 다하도록 잠깐잠깐 동안에 일체 세계에 두루 들어가서 부처님의 신통력으로 마음대로 장엄하느니라."

집착이 없고 속박이 없이 해탈한 마음은 영원토록 순간순간마다 일체 세계에 두루 들어간다. 또 부처님의 위신력으로 마음대로 장엄한다. 해탈의 힘은 이와 같다.

이 무 착 무 박 해 탈 심 　 성 취 보 현 자 재 력
以無着無縛解脫心으로 **成就普賢自在力**하야

진 미 래 제 소 주 지 겁 　 상 능 변 입 일 체 세 계
盡未來際所住之劫토록 **常能徧入一切世界**하야

시 현 성 불 　 출 흥 어 세
示現成佛하야 **出興於世**하니라

"집착이 없고 속박이 없이 해탈한 마음으로 보현의 자재한 힘을 성취하여 미래가 다하도록 머무는 겁에서 항상 일체 세계에 들어가서 성불成佛함을 나타내 보여 세상에 출현하느니라."

집착이 없고 속박이 없이 해탈한 마음은 곧 보현의 자재한 힘이며, 그대로가 일체 세계에서 성불하여 세상에 출현함이다. 성불이란 무엇인가. 속박이 없고 집착이 없는 해탈이다. 보현의 자재한 힘이다.

(6) 보현행普賢行의 칠원七願

1〉 신통神通의 사원四願

이무착무박해탈심　성보현행　일광　보
以無着無縛解脫心으로 **成普賢行**하야 **一光**이 **普**

조진허공계일체세계
照盡虛空界一切世界하며

"집착이 없고 속박이 없이 해탈한 마음으로 보현의 행을 이루어서 한 광명이 온 허공의 일체 세계를 두루 비추느니라."

위에서는 보현의 자재한 힘의 성취를 설하였고, 여기에서는 보현의 행의 성취를 설한다. 보현의 자재한 힘이나 보현의 행이나 크게 다를 것은 없으나 힘의 성취를 인하여 행이

나타난다. 즉 본체와 작용의 차이다. 본체가 없는 작용이 없으며 작용이 없는 본체도 없다. 달리 말하면 몸과 몸짓의 차이다. 보현의 힘도 보현의 행도 모두가 집착이 없고 속박이 없이 해탈한 마음에서 출발한다. 해탈한 마음이 얼마나 중요한지 알 수 있다.

육바라밀과 십바라밀을 행하는 것이 모두 보현행이다. 십선과 사섭법과 사무량심을 행하는 것이 모두 보현행이다. 인의예지를 행하는 것이 모두 보현행이다. 그 외에 팔만사천 바라밀행을 행하는 것이 모두 보현행이다. 일체 중생을 이롭게 하는 행위가 모두 보현행이다. 불교는 보현행을 행하기 위해서 존재한다.

이무착무박해탈심 성보현행 득무량
以無着無縛解脫心으로 **成普賢行**하야 **得無量**
지혜 구일체신통 설종종법
智慧하고 **具一切神通**하야 **說種種法**하며

"집착이 없고 속박이 없이 해탈한 마음으로 보현의 행을 이루어서 한량없는 지혜를 얻고 모든 신통을 갖추

어 갖가지 법을 연설하느니라."

불교는 보살행이다. 관세음보살, 지장보살, 문수보살, 보현보살 등 무수히 많은 보살의 행원이 있지만 그중에 보현보살의 행원을 가장 많이 거론한다. 이 보현행이 반드시 보현보살의 행원을 지칭하는 것은 아니지만 보현보살의 행은 다른 모든 보살행과 함께 이 보현행을 근본으로 삼은 것이다. 집착이 없고 속박이 없이 해탈한 마음은 보살행의 근본인 보현행까지 성취하였다. 또 일체 보살행 중에 가장 존귀하게 여기는 것은 진리의 가르침을 설하는 설법이다. 부처님도 보현행을 하였는데 따뜻한 자비의 마음으로 어리석은 중생의 마음을 일깨워 주는 진리의 가르침으로 하였다.

이무착무박해탈심 성보현행 입어여
以無着無縛解脫心으로 **成普賢行**하야 **入於如**

래진일체겁불가측량신통지혜
來盡一切劫不可測量神通智慧하며

"집착이 없고 속박이 없이 해탈한 마음으로 보현의

행을 이루어서 일체 겁劫이 다하여도 측량할 수 없는 여래의 신통과 지혜에 들어가느니라."

해탈의 마음은 보현행을 성취하여 오랜 세월에도 측량할 수 없는 여래의 신통과 지혜에 들어간다.

이무착무박해탈심 성보현행 주진법
以無着無縛解脫心으로 成普賢行하야 住盡法
계제여래소 이불신력 수습일체제보살
界諸如來所하야 以佛神力으로 修習一切諸菩薩
행 신구의업 증무해권
行호대 身口意業이 曾無懈倦하니라

"집착이 없고 속박이 없이 해탈한 마음으로 보현의 행을 이루어서, 온 법계의 모든 부처님의 처소에 머무르면서 부처님의 신통력으로 일체 모든 보살의 행을 닦되 몸이나 입이나 뜻으로 짓는 업業에 조금도 게으름이 없느니라."

해탈한 마음은 언제나 부지런하다. 육바라밀과 십바라밀과 십선 등 일체 보살행을 닦는 데 게으름이 없다. 몸과 말과 뜻으로 일체 중생을 위하여 쉼 없이 갖가지 보살행을 닦는다.

2〉 사변四辯의 삼원三願

이무착무박해탈심　성보현행　불위어
以無着無縛解脫心으로 成普賢行하야 不違於

의　불괴어법　언사청정　요설무진
義하고 不壞於法하야 言詞淸淨하야 樂說無盡하야

교화조복일체중생　영기당득일체제불무상
敎化調伏一切衆生하야 令其當得一切諸佛無上

보리
菩提하며

"집착이 없고 속박이 없이 해탈한 마음으로 보현의 행을 이루어서, 뜻에도 어기지 않고 법에도 어기지 않으며 말이 청정하고 말하기를 좋아하는 변재辯才가 다하지 아니하여, 일체 중생을 교화하고 조복하여 그들로 하여금 마땅히 일체 모든 부처님의 위없는 보리를 얻게 하느니라."

사변四辯은 사무애변四無礙辯을 말한다. 법法무애변과 의義무애변과 어語무애변과 요설樂說무애변이다. 뜻에도 어기지 않고 법에도 어기지 않으며 말이 청정하고 말하기를 좋아하는 변재辯才가 다하지 아니함이 그것이다. 이 네 가지 걸림이 없는 변재로써 일체 중생을 교화·조복하고 일체 모든 부처님의 위없는 보리를 얻게 한다. 세존이 해탈을 얻고 보현행을 갖춰서 네 가지 변재로써 법을 설하여 중생들을 교화하고 조복하여 다시 모든 부처님께서 이루신 가장 높은 깨달음을 얻게 하신 일생의 교화 사업을 간단히 표현하였다.

이무착무박해탈심 수보현행 입일법
以無着無縛解脫心으로 修普賢行하야 入一法

문시 방무량광 조부사의일체법문 여
門時에 放無量光하야 照不思議一切法門하고 如

일법문 일체법문 개역여시 통달무애
一法門하야 一切法門에도 皆亦如是하야 通達無礙

구경당득일체지지
하야 究竟當得一切智地하며

"집착이 없고 속박이 없이 해탈한 마음으로 보현의 행을 닦아 한 법문에 두루 들어갈 적에 무량한 광명을 놓아 불가사의한 일체 법문을 비추며, 한 법문과 같이 일체 법문에도 또한 이와 같이 하여 통달하고 걸림이 없어 구경에는 마땅히 일체 지혜의 지위를 얻느니라."

진리의 가르침인 한 법문은 곧 한량없는 광명이다. 그 한량없는 광명이 불가사의한 일체 법문을 비춘다. 하나의 법문에서와 같이 일체 법문에서도 다 그와 같다.

이무착무박해탈심 주보살행 어법자재
以無着無縛解脫心으로 **住菩薩行**하야 **於法自在**

도어보현장엄피안 어일일경계 개이일
하야 **到於普賢莊嚴彼岸**하야 **於一一境界**에 **皆以一**

체지 관찰오입 이일체지 역불궁진
切智로 **觀察悟入**호대 **而一切智**가 **亦不窮盡**하니라

"집착이 없고 속박이 없이 해탈한 마음으로 보살의 행에 머물러서 법에 자재하여 보현으로 장엄한 저 언덕

에 이르며, 낱낱 경계에 일체 지혜로 관찰하여 깨달아 들어가되 일체 지혜는 또한 다하지 아니하느니라."

그동안 보현행이라고 하다가 여기에서는 보살행이라고 하였다. 보살행은 곧 보현행이다. 그러므로 일체 보살의 모든 바라밀행을 하나로 집약하면 보현행이 된다. 보살행에 머물러 법에 자재하므로 보현으로 장엄한 저 언덕에 이른다는 것이 그것이다. 낱낱 경계에 일체 지혜로 관찰하여 깨달아 들어가서 보현행을 행하지마는 그 일체 지혜는 숨어들거나 소멸하지 않고 영원히 다하지 않는다.

(7) 법을 섭攝함이 광대하고 자재한 덕

1〉 지혜의 삼원三願

이무착무박해탈심 시종차생 진미래
以無着無縛解脫心으로 **始從此生**으로 **盡未來**

제 주보현행 상불휴식 득일체지
際토록 **住普賢行**하야 **常不休息**하고 **得一切智**하야

오불가설불가설진실법 어법구경 무유
悟不可說不可說眞實法하야 於法究竟하야 無有

미혹
迷惑하며

"집착이 없고 속박이 없이 해탈한 마음으로 처음 이 생生으로부터 오는 세월이 끝나도록 보현의 행에 머물러서, 항상 쉬지 아니하여 일체 지혜를 얻고 말할 수 없이 말할 수 없는 진실한 법을 깨달으며 모든 법에 구경까지 미혹함이 없느니라."

집착이 없고 속박이 없이 해탈한 마음으로 법을 섭攝함이 광대하고 자재한 덕을 밝혔다. 이 생으로부터 오는 세월이 끝나도록 보현의 행에 머물러서 항상 쉬지 아니하여 일체 지혜를 얻고 말할 수 없는 진실한 법을 깨달아 끝까지 미혹함이 없다.

이무착무박해탈심 수보현업 방편자
以無着無縛解脫心으로 修普賢業하야 方便自

재　　득법광명　　어제보살소행지행　조료
在하고 得法光明하야 於諸菩薩所行之行에 照了

무애
無礙하며

"집착이 없고 속박이 없이 해탈한 마음으로 보현의 업業을 닦아, 방편에 자재하고 법의 광명을 얻어 모든 보살의 수행하는 행行을 비추되 장애가 없느니라."

보현의 업이라고 하였다. 부처님의 업도 있고, 보살의 업도 있고, 조사나 선지식의 업도 있다. 차별 없는 참사람의 자리에서 일체 선업을 닦는 것은 이와 같은 성현의 업이다. 보현의 업은 방편이 자재하다. 법의 광명으로 모든 보살의 행을 환하게 비추는 데 걸림이 없다.

이무착무박해탈심　　수보현행　　득일체
以無着無縛解脫心으로 修普賢行하야 得一切

방편지　　지일체방편
方便智하야 知一切方便하나니

"집착이 없고 속박이 없이 해탈한 마음으로 보현의 행을 닦아, 모든 방편의 지혜를 얻어 일체 방편을 아느니라."

집착이 없고 속박이 없이 해탈한 마음으로 보현의 행을 닦으면 얻지 못할 방편이 없고 얻지 못할 지혜가 없다. 지혜와 방편으로 중생을 요익하게 한다.

소위무량방편 부사의방편 보살방편 일
所謂無量方便과 不思議方便과 菩薩方便과 一

체지방편 일체보살조복방편 전무량법륜
切智方便과 一切菩薩調伏方便과 轉無量法輪

방편 불가설시방편 설종종법방편 무변제
方便과 不可說時方便과 說種種法方便과 無邊際

무외장방편 설일체법무여방편
無畏藏方便과 說一切法無餘方便이니라

"이른바 한량없는 방편과 부사의한 방편과 보살의 방편과 온갖 지혜의 방편과 일체 보살의 조복하는 방편과 무량한 법륜法輪을 굴리는 방편과 말할 수 없는 시간의 방편과 갖가지 법을 말하는 방편과 그지없고 두려움이 없는 장藏의 방편과 일체 법을 설하여 남음이 없는 방편이니라."

집착이 없고 속박이 없이 해탈한 마음으로 보현의 행을 닦아 얻는 열 가지 방편을 밝혔다. 일체 중생을 온갖 선행으로 요익하게 하려면 근기와 상황에 따라 여러 가지 방편을 달리하므로 이와 같이 열거하였다.

2〉 이익의 이원二願

以無着無縛解脫心으로 住普賢行하야 成就身業하야 令一切衆生으로 見者歡喜하야 不生誹謗하고 發菩提心하야 永不退轉하야 究竟淸淨하며

"집착이 없고 속박이 없이 해탈한 마음으로 보현의 행에 머물러서, 몸으로 하는 업을 성취하고 일체 중생

으로 하여금 보는 이마다 환희하여 비방하지 않게 하며 보리심을 내어 영원히 퇴전하지 아니하고 구경에 청정케 하느니라."

집착이 없고 속박이 없이 해탈한 마음이 되면 일체 중생으로 하여금 환희하여 비방하지 않게 하며, 보리심을 내어 영원히 퇴전하지 아니하여 끝끝내 청정케 할 것이다.

이무착무박해탈심 수보현행 득료일
以無着無縛解脫心으로 **修普賢行**하야 **得了一**
체중생어언청정지 일체언사 구족장엄
切衆生語言淸淨智하야 **一切言詞**를 **具足莊嚴**하야
보응중생 개령환희
普應衆生하야 **皆令歡喜**하니라

"집착이 없고 속박이 없이 해탈한 마음으로 보현의 행을 닦아, 일체 중생의 말을 아는 청정한 지혜를 얻고 구족하게 장엄한 모든 말로써 중생에게 널리 응하여 모두 환희케 하느니라."

만약 보살이 집착이 없고 속박이 없이 해탈한 마음으로 보현의 행에 머문다면 일체 선행을 다 할 수 있을 것이다. 보살행이란 보살행은 다 할 것이다. 말이란 말은 다 배우고 통달하여 널리 중생들에게 응하여 다 환희케 할 것이다.

3〉 광대한 삼업의 일원—願

이무착무박해탈심 주보현행 입수승
以無着無縛解脫心으로 住普賢行하야 立殊勝

지 구청정심 득광대신통 광대지혜
志하고 具清淨心하야 得廣大神通과 廣大智慧하야

보예일체광대세간 광대국토 광대중생소
普詣一切廣大世間과 廣大國土와 廣大衆生所하야

설일체여래 불가설광대법 광대장엄원만장
說一切如來의 不可說廣大法과 廣大莊嚴圓滿藏

하니라

"집착이 없고 속박이 없이 해탈한 마음으로 보현의 행에 머물러서, 수승한 뜻을 세우고 청정한 마음을 구족하여 광대한 신통과 광대한 지혜를 얻어서 모든 광대한 세간과 광대한 국토와 광대한 중생의 처소에 널리 나아가서, 일체 여래의 말할 수 없이 광대한 법과 광대하게 장엄한 원만장圓滿藏을 설하느니라."

보살이 선근을 닦아 집착이 없고 속박이 없이 해탈한 마음으로 보현의 행에 머물러서 일체를 광대하게 회향하는 내용을 밝혔다. 신통과 지혜도 광대하고, 세간과 국토도 광대하고, 중생도 광대하고, 여래의 설법도 광대하고, 장엄도 광대하다. 집착이 있고 속박이 있고서는 광대할 수 없다.

4〉 청정한 삼업의 일원─願

이무착무박해탈심 성만보현회향행원
以無着無縛解脫心으로 **成滿普賢廻向行願**하야

득일체불청정신 청정심 청정해 섭불공
得一切佛淸淨身과 **淸淨心**과 **淸淨解**하야 **攝佛功**

덕 주불경계 지인보조 시현보살청정
德하고 **住佛境界**하야 **智印普照**하야 **示現菩薩淸淨**

지업 선입일체차별구의 시제불보살광대
之業하고 **善入一切差別句義**하야 **示諸佛菩薩廣大**

자재　　위일체중생　　현성정각
自在하야 **爲一切衆生**하야 **現成正覺**하니라

"집착이 없고 속박이 없이 해탈한 마음으로 보현의 회향하는 행과 원을 이루어, 일체 부처님의 청정한 몸과 청정한 마음과 청정한 이해를 얻느니라. 부처님의 공덕을 포섭하고 부처님의 경계에 머무르며, 지혜의 인印으로 널리 비추어 보살의 청정한 업을 나타내 보이느니라. 모든 차별한 글귀와 뜻에 잘 들어가서 모든 부처님과 보살들의 광대하게 자재함을 보이며, 일체 중생을 위하여 정각正覺 이룸을 나타내느니라."

집착이 없고 속박이 없이 해탈한 마음으로 청정한 삼업과 부처님의 공덕과 부처님의 경계와 지혜의 도장으로 보살의 청정한 업을 나타내 보임을 밝혔다. 또 모든 차별한 글귀와 뜻에 잘 들어가서 모든 부처님과 보살들의 광대하게 자재함을 보이며, 궁극에는 일체 중생을 위하여 정각 이룸을 나타내었다. 정리하면 세존의 수행과 정각과 전법의 내용이다.

5〉 제근삼업諸根三業의 일원-願

이 무 착 무 박 해 탈 심　　근 수 보 현 제 근 행 원
以無着無縛解脫心으로 **勤修普賢諸根行願**하야

득 총 리 근　조 순 근　일 체 법 자 재 근　무 진 근
得聰利根과 **調順根**과 **一切法自在根**과 **無盡根**과

근 수 일 체 선 근 근
勤修一切善根根과

"집착이 없고 속박이 없이 해탈한 마음으로 보현의 여러 근根과 행行과 원을 닦아, 총명한 근과 조화롭고 순한 근과 일체 법에 자재한 근과 다함이 없는 근과 일체 선근을 부지런히 닦는 근을 얻느니라."

일 체 불 경 계 평 등 근　수 일 체 보 살 불 퇴 전 기
一切佛境界平等根과 **受一切菩薩不退轉記**

대 정 진 근　요 지 일 체 불 법 금 강 계 근　일 체 여
大精進根과 **了知一切佛法金剛界根**과 **一切如**

래 지 혜 광 조 금 강 염 근
來智慧光照金剛焰根과

"일체 부처님의 경계가 평등한 근과 일체 보살이 퇴

전하지 않는다는 수기授記를 받아 크게 정진하는 근과 일체 불법佛法을 잘 아는 금강계金剛界의 근과 일체 여래의 지혜 광명으로 비추는 금강염金剛焰의 근이니라."

분별일체제근자재근　안립무량중생어일
分別一切諸根自在根과 **安立無量衆生於一**
체지근　무변광대근　일체원만근　청정무애
切智根과 **無邊廣大根**과 **一切圓滿根**과 **清淨無礙**
근
根하니라

"일체 모든 근기를 잘 분별하는 자재한 근과 무량한 중생을 일체 지혜에 안립安立하는 근과 끝이 없이 광대한 근과 일체 원만한 근과 청정하여 걸림이 없는 근이니라."

집착이 없고 속박이 없이 해탈한 마음으로 보현의 여러 근根과 행行과 원을 닦아서 얻는 온갖 근根은 37조도품의 5근[1]과 기타 14종의 근을 설한 것이다.

근根이란 일반적으로 기관機關, 기능, 능력 등을 의미하는데 5근, 6근과 같은 사람의 기관에 따른 근본 능력과 수행법인 37조도품의 5근까지 모두 근의 영역으로 보며, 이 글에서는 집착이 없고 속박이 없이 해탈한 마음으로 보현의 여러 근根과 행行과 원을 닦아 얻는 일체 근을 밝혔다. 금강계근金剛界根과 금강염근金剛焰根같이 많은 뜻을 내포한 것은 번거로워 강설을 생략한다. 참고로 청량스님의 소疏를 각주에 이끌어 온다.[2)]

---

1) 오근五根 : 번뇌에서 벗어나 깨달음으로 가는 다섯 가지 방법으로 하는 수행법. ① 신근信根 : 바르고 굳은 믿음으로 수행의 뿌리를 내린다. ② 근근勤根(정진근精進根) : 올바른 정진으로 수행에 물러섬이 없다. ③ 염근念根 : 바른 가르침을 항상 깊이 생각하여 바르게 기억한다. ④ 정근定根 : 바른 선정으로 마음을 고요히 하여 올바른 마음을 가진다. ⑤ 혜근慧根 : 불법의 진리를 여실히 통찰하여 올바른 지혜로 뿌리를 내린다.

2)「五」一願諸根三業. 別有十四根. 皆以勝用增上光顯義故, 立以根名 : 初聽利等三根, 約眼等六, 兼五受根.【聽利】者, 領覽敏疾故.【調順】者, 內無剛強故.【自在】者, 外境不牽故. 餘約信等五根 : 初一信根. 信心無盡故. 亦兼命根, 次一進. 次一念. 唯念佛平等故. 次一定, 及精進. 以不退轉是定義故. 餘七皆慧.【金剛界根】者, 義兼定慧 : 金剛三昧即是定故. 金剛正智即是慧故. 界即是性. 智了心性名上定故. 亦即未知當知根. 現觀位中得不壞故.【金剛焰】者 : 焰通事理及能所故. 即已知根. 已成智故. 離世間品云「如金剛根證知一切諸法性故」. 即此界根. 又云【金剛光燄根】, 普照一切佛境界故. 佛境有二 : 一. 所觀境 : 通於事理. 二. 分齊境 : 即能觀智. 亦得稱境. 次三調化. 後二果圓惑淨. 即具知根也.

6〉 신통력삼업三業의 일원一願

이무착무박해탈심 수보현행 득일체
以無着無縛解脫心으로 修普賢行하야 得一切

보살신력 소위무량광대력신력 무량자
菩薩神力하나니 所謂無量廣大力神力과 無量自

재지신력 부동기신 보현일체불찰신력
在智神力과 不動其身하고 普現一切佛刹神力과

"집착이 없고 속박이 없이 해탈한 마음으로 보현의 행을 닦아 일체 보살의 신통력을 얻느니라. 이른바 한량없이 광대한 힘의 신통력과 한량없이 자재한 지혜의 신통력과 몸을 움직이지 않고 모든 부처님 세계에 널리 나타내는 신통력이니라."

보살이 집착이 없고 속박이 없이 해탈한 마음으로 보현의 행을 닦으면 온갖 신통력을 얻게 된다. 화엄경 제44권 십통품十通品에서는 열 가지 신통을 자세히 따로 설하고 있다. 여기서는 한량없이 광대한 힘의 신통력과 한량없이 자재한 지혜의 신통력 등 열 가지의 신통을 열거하였다.

무애부단자재신력　보섭일체불찰　치어
無礙不斷自在神力과 普攝一切佛刹하야 置於

일처신력　일신　변만일체불찰신력　무애해
一處神力과 一身이 徧滿一切佛刹神力과 無礙解

탈유희신력　무소작일념자재신력
脫遊戲神力과 無所作一念自在神力과

"걸림 없고 끊임없이 자재한 신통력과 모든 부처님 세계를 두루 거두어 한 곳에 두는 신통력과 한 몸이 모든 부처님 세계에 가득 차는 신통력과 걸림 없는 해탈로 유희하는 신통력과 짓는 일이 없이 한 생각에 자재한 신통력이니라."

주무성무의신력　일모공중　차제안립불가
住無性無依神力과 一毛孔中에 次第安立不可

설세계　변유법계제불도량　시제중생
說世界하고 徧遊法界諸佛道場하야 示諸衆生하야

개령득입대지혜문신력
皆令得入大智慧門神力이니라

"성품이 없고 의지할 데 없는 데 머무는 신통력과 한

모공毛孔에서 말할 수 없는 세계를 차례로 정돈하여 두고[安立] 법계의 여러 부처님 도량에 두루 다니면서 모든 중생에게 보이어 큰 지혜의 문에 들어가게 하는 신통력이니라."

이 모든 신통력을 얻음은 또한 집착이 없고 속박이 없이 해탈한 마음으로 보현의 행을 닦은 결과이다. 집착이 없고 속박이 없이 해탈한 회향의 공능은 이와 같다. 평소에도 어떤 문제에 집착이 없고 속박이 없는 사람은 자유롭다. 두려움도 없다. 용감하다. 떳떳하다. 집착이 없고 속박이 없는 까닭에 보시 등 일체 바라밀을 실천하는 데에 걸림이 없다.

(8) 상즉상입相卽相入의 중중덕重重德

1〉 보현문에 들어가는 삼원三願

이무착무박해탈심 입보현문 생보살
以無着無縛解脫心으로 入普賢門하야 生菩薩

행 이자재지 어일념경 보입무량제불국
行하야 以自在智로 於一念頃에 普入無量諸佛國

토　　일신　용수무량불찰　　획능엄정불국토
土하야 一身이 容受無量佛刹하고 獲能嚴淨佛國土

지　　항이지혜　관견무변제불국토　　영불
智하야 恒以智慧로 觀見無邊諸佛國土하야 永不

발기이승지심
發起二乘之心하며

"집착이 없고 속박이 없이 해탈한 마음으로 보현의 문에 들어가서 보살의 행을 내어 자재한 지혜로 잠깐 동안에 한량없는 부처님의 국토에 들어가고, 한 몸에 한량없는 부처님의 세계를 용납하여 들이며, 부처님의 국토를 깨끗이 장엄하는 지혜를 얻고, 항상 지혜로써 그지없는 부처님의 국토를 관찰하며, 영원히 이승二乘의 마음을 내지 아니하느니라."

집착이 없고 속박이 없이 해탈한 마음으로 보현의 문에 들어가서 마음껏 지혜와 자비를 발휘하면 상즉상입相卽相入의 중중한 덕德을 나타내 보인다. 시간에도 자유롭고 공간에도 걸림이 없다. 그래서 한순간에 한량없는 국토에 널리 들어가고 한 몸에 한량없는 세계를 수용한다. 즉 한 먼지 속에 시방세계를 함유하는 것을 몸으로 실천해 보인다. 해탈의 힘이 이와 같거늘 어찌 성문이나 연각의 좁고 편협한 마음을 일으키겠는가. 오로지 대승 보살의 자유자재하고 한량없는 바라밀 실천만이 있을 뿐이다.

이무착무박해탈심 수보현방편행 입
以無着無縛解脫心으로 修普賢方便行하야 入
지혜경계 생여래가 주보살도 구족불
智慧境界하야 生如來家하야 住菩薩道하고 具足不
가설불가설무량부사의수승심 행무량원
可說不可說無量不思議殊勝心하야 行無量願호대
미증휴식 요지삼세일체법계
未曾休息하야 了知三世一切法界하며

"집착이 없고 속박이 없이 해탈한 마음으로 보현의 방편행을 닦아 지혜의 경계에 들어가고, 여래의 가문에 태어나서 보살의 도道에 머물며, 말할 수 없이 말할 수 없는 무량하고 부사의한 수승한 마음을 구족하며, 한량없는 서원을 행하여 잠깐도 쉬지 아니하고 삼세三世의 일체 법계를 아느니라."

집착이 없고 속박이 없이 해탈한 마음을 얻는 것은 곧 여래의 가문에 태어나는 것이다. 또한 보살도를 닦는 것이다. 또 한량없는 수승한 마음을 구족하는 것이다. 서원을 행하는 것이다. 불교의 수많은 용어 중에 해탈과 같이 좋은 말이 있을까.

이무착무박해탈심 성취보현청정법문
以無着無縛解脫心으로 **成就普賢清淨法門**하야
어일모단량처 실포용진허공변법계불가설
於一毛端量處에 **悉包容盡虛空偏法界不可說**
불가설일체국토 개사명견 여일모단량
不可說一切國土하야 **皆使明見**하고 **如一毛端量**
처 변법계허공계일일모단량처 실역여
處하야 **偏法界虛空界一一毛端量處**에도 **悉亦如**
시
是하니라

"집착이 없고 속박이 없이 해탈한 마음으로 보현의 청정한 법문을 성취하여 한 털끝만 한 곳에 온 허공과 법계에 있는 말할 수 없이 말할 수 없는 국토를 다 포용하여 모두 분명히 보게 하며, 한 털끝만 한 곳에서와 같이 온 법계 허공계의 낱낱 털끝만 한 곳에서도 역시 그러하느니라."

집착이 없고 속박이 없이 해탈한 마음이라야 청정한 법문을 들을 수 있고, 설할 수 있고, 전할 수 있고, 실천할 수 있다. 또 무한한 국토를 다 포용할 수 있고, 바로 볼 수 있다. 이러한 일을 한 털끝만 한 곳에서와 같이 온 법계 허공계의 낱낱 털끝만 한 곳에서도 역시 그러하게 된다.

2〉 보현방편普賢方便의 삼원三願

이무착무박해탈심 성취보현심심방편
以無着無縛解脫心으로 **成就普賢深心方便**하야

어일념심중 현일중생 불가설불가설겁념심
於一念心中에 **現一衆生**의 **不可說不可說劫念心**

여시내지현일체중생 이허겁념심
하고 **如是乃至現一切衆生**의 **爾許劫念心**하며

"집착이 없고 속박이 없이 해탈한 마음으로 보현의

깊은 마음의 방편을 성취하여 한 생각 동안에 한 중생의 말할 수 없이 말할 수 없는 겁劫에 생각하는 마음을 나타내며, 그와 같이 내지 일체 중생의 그러한 겁에 생각하는 마음도 나타내느니라."

집착이 없고 속박이 없이 해탈한 마음이라면 어떤 방편이든 모두 성취한다. 그래서 한 생각 동안에 한 중생의 말할 수 없이 말할 수 없는 겁에 생각하는 마음을 다 나타낸다. 또한 일체 중생의 그와 같은 겁에 생각하는 마음도 다 나타낸다.

이무착무박해탈심 입보현회향행방편지
以無着無縛解脫心으로 入普賢廻向行方便地

어일신중 실능포납진법계불가설불가설
하야 於一身中에 悉能包納盡法界不可說不可說

신 이중생계 무소증감 여일신 내지
身호대 而衆生界가 無所增減하고 如一身하야 乃至

주변법계일체신 실역여시
周徧法界一切身에도 悉亦如是하며

"집착이 없고 속박이 없이 해탈한 마음으로 보현의 회향하는 행의 방편에 들어가서, 한 몸속에 온 법계의 말할 수 없이 말할 수 없는 몸을 용납하여도 중생계는 증감이 없으며, 한 몸과 같이 내지 법계에 가득한 모든 몸도 역시 그러하니라."

앞에서는 생각의 일다무애一多無礙를 밝혔고 여기서는 몸의 일다무애를 밝혔다. 집착이 없고 속박이 없이 해탈한 마음은 원융하고 자재하므로 생각도 몸도 모두 자재하다.

이무착무박해탈심　성취보현대원방편
以無着無縛解脫心으로 **成就普賢大願方便**하야

사리일체상도심도견도　보입일체제불경계
捨離一切想倒心倒見倒하고 **普入一切諸佛境界**하야

"집착이 없고 속박이 없이 해탈한 마음으로 보현의 큰 서원의 방편을 성취하여 일체 생각의 뒤바뀜과 마음의 뒤바뀜과 견해의 뒤바뀜을 버리고, 일체 모든 부처

님의 경계에 널리 들어가느니라."

집착이 없고 속박이 없이 해탈한 마음에는 일체 생각의 뒤바뀜과 마음의 뒤바뀜과 견해의 뒤바뀜이 없음을 밝혔다. 그러므로 일체 모든 부처님의 경계에 널리 들어간다.

상견제불 허공계등청정법신 상호장엄
常見諸佛의 **虛空界等淸淨法身**이 **相好莊嚴**하고

신력자재
神力自在하야

"모든 부처님의 허공계와 같은 청정한 법신이 상호로 장엄하여 신력이 자재함을 항상 보느니라."

집착이 없고 속박이 없이 해탈한 마음은 모든 부처님의 허공계와 같은 청정한 법신이 32상과 80종호로 장엄하여 신력이 자재함을 항상 본다.

상이묘음 개시연설 무애무단 영기
常以妙音으로 開示演說을 無礙無斷하야 令其

문자 여설수지 어여래신 요무소득
聞者로 如說受持호대 於如來身엔 了無所得하니라

"항상 미묘한 음성으로 법을 열어 연설하되 걸림이 없고 끊어짐도 없어 듣는 이로 하여금 말한 것과 같이 받아 지니게 하지마는 여래의 몸에는 마침내 얻은 바가 없느니라."

또 집착이 없고 속박이 없이 해탈한 마음은 항상 미묘한 음성으로 법을 열어 연설하되 걸림이 없고 끊어짐도 없어 듣는 이로 하여금 말한 것과 같이 받아 지니게 한다.

3〉 보현지위普賢地位의 이원二願

이무착무박해탈심 수보현행 주보살
以無着無縛解脫心으로 修普賢行하야 住菩薩

지 어일념중 입일체세계
地하야 於一念中에 入一切世界하나니라

"집착이 없고 속박이 없이 해탈한 마음으로 보현의 행을 닦아 보살의 지위에 머물러 있으면서 한순간에 일체 세계에 들어가느니라."

집착이 없고 속박이 없이 해탈한 마음으로 한순간에 일체 세계에 들어가는 것을 밝혔다.

소위입앙세계 복세계 불가설불가설시
所謂入仰世界와 **覆世界**와 **不可說不可說十**

방망일체처광대세계
方網一切處廣大世界라

"이른바 우러러보고 있는 세계와 엎어진 세계와 말할 수 없이 말할 수 없는 시방의 일체 곳에 있는 광대한 세계에 들어가는 것이니라."

이인다라망분별방편 보분별일체법계
以因陀羅網分別方便으로 **普分別一切法界**하야

이종종세계 입일세계 이불가설불가설무
以種種世界로 入一世界하고 以不可說不可說無

량세계 입일세계 이일체법계소안립무량
量世界로 入一世界하고 以一切法界所安立無量

세계 입일세계 이일체허공계소안립무량
世界로 入一世界하고 以一切虛空界所安立無量

세계 입일세계 이역불괴안립지상 실
世界로 入一世界호대 而亦不壞安立之相하야 悉

령명견
令明見하나니라

"인드라의 그물처럼 분별하는 방편으로 일체 법계를 두루 분별하여 갖가지 세계로 한 세계에 들어가며, 말할 수 없이 말할 수 없는 무량한 세계로 한 세계에 들어가며, 일체 법계에 나란히 펼쳐져 있는 무량한 세계로 한 세계에 들어가며, 일체 허공계에 나란히 펼쳐져 있는 무량한 세계로 한 세계에 들어가되 또한 나란히 펼쳐져 있는 모양을 무너뜨리지 않고 모두 분명히 보게 하느니라."

세상에 펼쳐져 있는 작은 세포에서부터 드넓은 우주에 이르기까지 크고 작은 일체 존재는 본래로 상즉상입하며 무장무애하게 걸림 없이 공존하고 있음을 밝혔다.

예컨대 큰 법당 안에 등불 1만 개를 켤 때, 하나를 켜도 그 빛은 법당에 가득 차고 두 개를 켜도 그 빛은 법당에 가득 찬다. 이와 같이 1만 개를 다 켜도 그 빛은 가득 찬다. 낱낱이 독립되어 있으나 각각 서로 아무런 장애 없이 자신의 빛을 다 비춘다. 실로 상즉상입하며 무장무애하다. 일체 사물도 이와 같이 존재하고 있다. 본체나 현상도 그와 같이 존재한다.

이 무 착 무 박 해 탈 심　　수 습 보 현 보 살 행 원
以無着無縛解脫心으로 **修習普賢菩薩行願**하야

득 불 관 정　　어 일 념 중　입 방 편 지　　성 만 안 주
得佛灌頂하고 **於一念中**에 **入方便地**하야 **成滿安住**

중 행 지 보　　실 능 요 지 일 체 제 상
衆行智寶하야 **悉能了知一切諸想**하나니라

"집착이 없고 속박이 없이 해탈한 마음으로 보현보살의 행과 원을 닦아 부처님의 관정灌頂하심을 얻고, 잠

깐 동안에 방편에 들어가서 편안하게 여러 행에 머무는 지혜의 보배를 성취하고 일체 모든 생각을 다 분명히 아느니라."

집착이 없고 속박이 없이 해탈한 마음으로 한순간에 방편에 들어가서 편안하게 여러 행에 머무는 지혜의 보배를 성취하고, 일체 모든 생각을 다 분명히 아는 것을 밝혔다.

소위중생상 법상 찰상 방상 불상 세
所謂衆生想과 法想과 刹想과 方想과 佛想과 世
상 업상 행상 계상 해상
想과 業想과 行想과 界想과 解想과

"이른바 중생이라는 생각, 법이라는 생각, 세계라는 생각, 방위라는 생각, 부처라는 생각, 세상이라는 생각, 업이라는 생각, 행이라는 생각, 계界라는 생각, 이해한다는 생각이니라."

근상 시상 지상 번뇌상 청정상 성숙
根想과 時想과 持想과 煩惱想과 淸淨想과 成熟

상 견불상 전법륜상 문법해료상 조복상
想과 見佛想과 轉法輪想과 聞法解了想과 調伏想과

"근기根機라는 생각, 시간이라는 생각, 가진다는 생각, 번뇌라는 생각, 청정한 생각, 성숙한 생각, 부처님을 보는 생각, 법륜法輪을 굴리는 생각, 법을 듣고 이해하는 생각, 조복하는 생각이니라."

무량상 출리상 종종지상 무량지상 보
無量想과 出離想과 種種地想과 無量地想과 菩

살요지상 보살수습상 보살삼매상 보살삼
薩了知想과 菩薩修習想과 菩薩三昧想과 菩薩三

매기상 보살성상 보살괴상
昧起想과 菩薩成想과 菩薩壞想과

"한량없다는 생각, 벗어난다는 생각, 갖가지 지위라는 생각, 한량없는 지위라는 생각, 보살의 아는 생각, 보살의 닦는 생각, 보살의 삼매三昧라는 생각, 보살의 삼매에서 일어나는 생각, 보살의 성취하는 생각, 보살의 파괴하는 생각이니라."

보살몰상 보살생상 보살해탈상 보살
菩薩歿想과 菩薩生想과 菩薩解脫想과 菩薩

자재상 보살주지상 보살경계상 겁성괴상
自在想과 菩薩住持想과 菩薩境界想과 劫成壞想

명상 암상
과 明想과 闇想과

"보살의 죽는 생각, 보살의 나는 생각, 보살의 해탈하는 생각, 보살의 자재한 생각, 보살의 머물러 지니는 생각, 보살의 경계라는 생각, 겁劫의 이뤄지고 무너지는 생각, 밝은 생각, 어두운 생각이니라."

주상 야상 반월일월일시일세변이상
晝想과 夜想과 半月一月一時一歲變異想과

거상 내상 주상 좌상 수상 교상
去想과 來想과 住想과 坐想과 睡想과 覺想이라

"낮이라는 생각, 밤이라는 생각, 보름, 한 달, 한 시간, 한 해가 변천하는 생각, 가는 생각, 오는 생각, 머무르는 생각, 앉는 생각, 자는 생각, 깨는 생각이니라."

모두 48종의 생각을 들어 일체 모든 생각을 다 분명히 아는 것을 열거하였다. 집착이 없고 속박이 없이 해탈한 마음은 이와 같이 온갖 생각을 남김없이 다 아는 능력이 있다.

여시등상 어일념중 실능요지 이이일
如是等想을 **於一念中**에 **悉能了知**하야 **而離一**

체상 무소분별 단일체장 무소집착
切想하야 **無所分別**하며 **斷一切障**하야 **無所執着**하고

일체불지 충만기심
一切佛智가 **充滿其心**하며

"이러한 생각들을 잠깐 동안에 모두 분명히 알면서도 일체 생각을 여의어 분별함이 없으며, 일체 장애를 끊어서 집착함이 없으며, 일체 부처님의 지혜가 그 마음에 충만하니라."

위에서 밝힌 48종의 생각을 한순간에 분명하게 알면서 한편 일체 생각을 떠나서 분별하는 바가 없다. 또 일체 장애를 끊어 집착하는 바가 없다. 그리고 일체 부처님의 지혜가 그 마음에 충만하다.

일체불법 장기선근 여제여래 등동
一切佛法으로 **長其善根**하며 **與諸如來**로 **等同**

일신 일체제불지소섭취 이구청정 일
一身하며 **一切諸佛之所攝取**로 **離垢淸淨**하며 **一**

체불법 개수수학 도어피안
切佛法을 **皆隨修學**하야 **到於彼岸**하니라

"일체 부처님의 법으로 선근이 증장하여 모든 여래와 더불어 한 몸이 평등하며, 일체 모든 부처님의 거두어 주시는 것으로 때가 없이 청정한 모든 불법佛法을 다 따라 배워서 저 언덕에 이르느니라."

또 일체 부처님의 법으로 선근이 증장하며, 모든 여래와 한 몸이 되며, 일체 불법을 다 따라 배운다. 그래서 궁극에

는 저 언덕에 이른다.

4〉 보현대지普賢大智의 사원四願

이무착무박해탈심 위일체중생 수보
以無着無縛解脫心으로 爲一切衆生하야 修普

현행 생대지보 어일일심중 지무량심
賢行하야 生大智寶하야 於一一心中에 知無量心하야

수기의지 수기분별 수기종성 수기소
隨其依止하며 隨其分別하며 隨其種性하며 隨其所

작 수기업용 수기상상 수기사각 종
作하며 隨其業用하며 隨其相狀하며 隨其思覺하야 種

종부동 미불명견
種不同을 靡不明見하며

"집착이 없고 속박이 없이 해탈한 마음으로 일체 중생을 위하여 보현의 행을 닦아 큰 지혜의 보배를 내고, 낱낱 마음속에서 한량없는 마음을 알며, 그 의지함을 따르고, 그 분별을 따르고, 그 종성種性을 따르고, 그 짓는 바를 따르고, 그 업業의 작용을 따르고, 그 형상을 따르고, 그 깨달음을 따라서 가지가지로 같지 아니한 것을 모두 다 분명히 보느니라."

집착이 없고 속박이 없이 해탈한 마음을 얻고, 다시 그 마음으로 일체 중생을 위하여 보현의 행을 실천하는 것이 불교 공부의 순서다. 달리 말하면 본래로 갖춘 차별 없는 참사람[無位眞人]의 실체를 깨달아 집착이 없고 속박이 없는 해탈감을 누리면서 그 참사람 속에 본래로 내재되어 있는 육바라밀과 십바라밀과 십선과 사섭법과 사무량심과 인의예지 등 온갖 선행을 일체 중생에게 베풀고 나누는 것이 불교다. 진리를 나누고, 진리의 가르침을 나누고, 재물을 나누고, 편안함을 나누고, 사랑을 나누는 것이다.

이무착무박해탈심　성취보현대원지보
以無着無縛解脫心으로 **成就普賢大願智寶**하야

어일처중　지어무량불가설처　여어일처
於一處中에 **知於無量不可說處**하고 **如於一處**하야

어일체처　실역여시
於一切處에도 **悉亦如是**하며

"집착이 없고 속박이 없이 해탈한 마음으로 보현의 큰 서원과 지혜의 보배를 성취하고, 한 곳에서 한량없고 말할 수 없는 곳을 알며, 한 곳에서와 같이 모든 곳에서도 또한 그러하니라."

집착이 없고 속박이 없으면 보현의 큰 서원과 지혜의 보배를 성취한다. 한 곳에서 한량없는 곳을 알며, 한 곳에서와 같이 모든 곳에서도 또한 그러하다.

이무착무박해탈심 수습보현행업지지
以無着無縛解脫心으로 **修習普賢行業智地**하야
어일업중 능지무량불가설불가설업 기업
於一業中에 **能知無量不可說不可說業**하야 **其業**이
각이종종연조 명료지견 여어일업 어일
各以種種緣造를 **明了知見**하고 **如於一業**하야 **於一**
체업 실역여시
切業에도 **悉亦如是**하며

"집착이 없고 속박이 없이 해탈한 마음으로 보현의 행하는 업業과 지혜의 지위를 닦고, 한 가지 업에서 한량없고 말할 수 없이 말할 수 없는 업을 알되, 그 업이 가지가지 인연으로 된 것임을 분명히 알고 보며, 한 가지 업에서와 같이 일체 업에서도 또한 그러하니라."

집착이 없고 속박이 없는 해탈을 얻으면 한 가지 업에서 한량없는 업을 알며, 한 가지 업에서와 같이 일체 업에서도 또한 그와 같다.

이무착무박해탈심 수습보현지제법지
以無着無縛解脫心으로 **修習普賢知諸法智**하야

어일법중 지불가설불가설법 어일체법중
於一法中에 **知不可說不可說法**하고 **於一切法中**에

이지일법 여시제법 각각차별 무유장애
而知一法하야 **如是諸法**의 **各各差別**에 **無有障礙**

무위무착
하야 **無違無着**하니라

"집착이 없고 속박이 없이 해탈한 마음으로 보현의 모든 법을 아는 지혜를 닦아 익히고, 한 법에서 말할 수

없이 말할 수 없는 법을 알며, 일체 법 가운데서 한 법을 아느니라. 이러한 모든 법이 제각기 차별하여 장애가 되지도 않고 어기지도 않고 집착함도 없느니라."

집착이 없고 속박이 없이 해탈한 마음의 능력과 공덕은 아무리 설명하여도 다할 수 없다. 한 법에서 무량한 법을 알고, 일체 모든 법에서도 또한 그와 같다. 모든 법이 각각 차별해도 장애가 없고 어김이 없다.

5〉 보현문설普賢聞說의 이원二願

이무착무박해탈심 주보살행 득구보
以無着無縛解脫心으로 住菩薩行하야 得具普

현무애이근 어일언음중 지불가설불가설
賢無礙耳根하야 於一言音中에 知不可說不可說

언음 무량무변종종차별 이무소착 여어
言音하야 無量無邊種種差別에 而無所着하고 如於

일언음 어일체언음 실역여시
一言音하야 於一切言音에 悉亦如是하며

"집착이 없고 속박이 없이 해탈한 마음으로 보살의 행에 머물러서 보현의 걸림 없는 귀를 구족하고, 한마디 음성 속에서 말할 수 없이 말할 수 없는 말을 알며, 한량없고 끝이 없어 갖가지로 차별하더라도 집착함이 없고, 한 음성에서와 같이 일체 음성에서도 역시 그러하니라."

집착이 없고 속박이 없이 해탈한 마음으로 보현의 행에 머물면 걸림이 없는 귀를 갖추게 되어 한마디의 음성에서 한량없는 말을 안다. 예컨대 짧은 말 한마디에서 상대의 출신 성분과 지식과 교양과 지혜와 수행과 성품과 살아온 과거와 미래를 다 알 수 있다. 이것이 또한 집착이 없고 속박이 없이 해탈한 마음의 능력이다. 요즘은 과학기술이 크게 발달하여 손톱만 한 칩 하나에 온 우주의 정보를 다 담을 수 있고 흙 한 줌과 돌 하나에서 지구의 길고 긴 역사를 다 읽는다.

이무착무박해탈심　　수보현지　　기보현
以無着無縛解脫心으로 **修普賢智**하고 **起普賢**

행 주보현지 어일일법중 연설불가설
行하고 住普賢地하야 於一一法中에 演說不可說

불가설법 기법광대 종종차별
不可說法호대 其法廣大하야 種種差別이라

"집착이 없고 속박이 없이 해탈한 마음으로 보현의 지혜를 닦고 보현의 행을 일으켜 보현의 지위에 머물고, 낱낱 법 가운데서 말할 수 없이 말할 수 없는 법을 연설하거든, 그 법이 광대하여 가지가지로 차별하니라."

또 집착이 없고 속박이 없이 해탈한 마음은 보현의 지혜를 닦고, 보현의 행을 일으켜, 보현의 지위에 머물고, 낱낱 법 가운데서 말할 수 없는 법을 연설하여 모든 중생에게 진리를 일깨운다. 참사람임을 깨닫게 하고 참사람이 본래로 갖춘 온갖 선행을 행하게 한다. 이것이 보현행이며, 보현보살의 행이며, 일체 보살의 행이다.

교화섭수 불가사의방편상응 어무량시
教化攝受를 不可思議方便相應하야 於無量時와

어일체시 수제중생 소유욕해 수근수시
於一切時에 隨諸衆生의 所有欲解하야 隨根隨時

이불음성 이위설법 이일묘음 영불
하야 以佛音聲으로 而爲說法호대 以一妙音으로 令不

가설도량중회무량중생 개실환희
可說道場衆會無量衆生으로 皆悉歡喜하며

"교화하고 거두어 주는 것이 부사의한 방편과 서로 응하며, 한량없는 시간과 모든 시간에서 중생들이 가진 욕망과 이해를 따르며 근성을 따르고 시기를 따라서 부처님의 음성으로 법을 설하되, 한마디 묘한 음성으로써 말할 수 없는 도량의 대중과 한량없는 중생을 모두 환희케 하느니라."

또 집착이 없고 속박이 없이 해탈한 마음은 교화하고 거두어 주는 온갖 방편으로 중생들의 욕망과 이해를 따르고 근성과 시기를 따라 한량없는 도량의 한량없는 대중을 모두 환희케 한다.

일체여래소 무량보살 충만법계 입수
一切如來所에 無量菩薩이 充滿法界하야 立殊

승지 생광대견 구경요지일체제행 주
勝志하고 生廣大見하야 究竟了知一切諸行하야 住

보현지 수소설법 어염념중 실능증입
普賢地하야 隨所說法하야 於念念中에 悉能證入하야

"모든 여래의 처소에 한량없는 보살이 법계에 가득하여 수승한 뜻을 세우고 광대한 소견을 내어 구경에 일체 모든 행을 알며, 보현의 지위에 있으면서 말하는 바의 법을 따라 잠깐잠깐 동안에 다 능히 증득하여 들어가느니라."

또 집착이 없고 속박이 없이 해탈한 마음은 한량없는 보살이 법계에 가득하여 수승한 뜻을 세운다. 또 광대한 소견을 내어 모든 행을 알며, 말하는 바의 법을 따라 잠깐잠깐 동안에 다 능히 증득하여 들어간다. 이것이 또한 집착이 없고 속박이 없이 해탈한 회향의 능력이다.

일찰나경 증장무량불가설불가설대지혜
一刹那頃에 增長無量不可說不可說大智慧

취 진미래겁 여시연설 어일체찰 수습
聚라 盡未來劫토록 如是演說하야 於一切刹에 修習

광대허공등행 성취원만
廣大虛空等行하야 成就圓滿하니라

"한 찰나 동안에 한량없고 말할 수 없이 말할 수 없는 큰 지혜를 증장하되, 미래의 겁이 끝나도록 이렇게 연설하며, 일체 세계에서 허공과 같이 광대한 행을 닦아서 원만하게 성취하느니라."

집착이 없고 속박이 없이 해탈한 마음은 한 찰나 동안에 한량없고 말할 수 없는 큰 지혜를 증장한다. 그 지혜로 미래의 겁이 다하도록 진리를 설한다. 또 일체 세계에서 허공과 같이 광대한 행을 닦아서 원만하게 성취한다.

6〉보현의 요지제근了知諸根의 일원一願

이무착무박해탈심 수습보현제근행문
以無着無縛解脫心으로 修習普賢諸根行門하야

성대행왕 어일일근중 실능요지무량제근
成大行王하야 於一一根中에 悉能了知無量諸根과

무량심락 부사의경계 소생묘행
無量心樂과 不思議境界의 所生妙行하니라

"집착이 없고 속박이 없이 해탈한 마음으로 보현의 여러 근의 행行을 닦아서 큰 행의 왕을 이루고, 낱낱 근에서 한량없는 모든 근과 한량없는 마음으로 좋아함과 부사의한 경계로 생기는 묘妙한 행을 아느니라."

요지제근了知諸根이란 집착이 없고 속박이 없이 해탈한 마음으로 보현의 여러 근의 행을 닦아서 낱낱 근 가운데 한량없는 모든 근과 한량없는 마음으로 좋아함과 부사의한 경계로 생기는 묘한 행을 아는 것이다.

(9) 보현의 미세하게 법을 아는 덕

1〉 세간법을 아는 미세한 지혜

이무착무박해탈심 주보현행대회향심
以無着無縛解脫心으로 住普賢行大廻向心하야

득색심미세지 신심미세지 찰심미세지 겁
得色甚微細智와 身甚微細智와 刹甚微細智와 劫

심미세지 세심미세지 방심미세지 시심미
甚微細智와 世甚微細智와 方甚微細智와 時甚微

세지 수심미세지 업보심미세지 청정심미
細智와 數甚微細智와 業報甚微細智와 清淨甚微

세지
細智하야

"집착이 없고 속박이 없이 해탈한 마음으로 보현의 행으로 크게 회향하는 마음에 머물러서, 색色에 매우 미세한 지혜와 몸에 매우 미세한 지혜와 세계에 매우 미세한 지혜와 겁에 매우 미세한 지혜와 세상에 매우 미세한 지혜와 방위에 매우 미세한 지혜와 시간에 매우 미세한 지혜와 수數에 매우 미세한 지혜와 업보業報에 매우 미세한 지혜와 청정한 데 매우 미세한 지혜를 얻느니라."

집착이 없고 속박이 없이 해탈한 마음으로 보현의 행으로 크게 회향하는 마음에 머물게 되면 세간의 법을 아주 미세하게 알게 된다. 집착이 없고 속박이 없이 해탈한 마음에는 이와 같은 능력과 공덕이 따른다. 해탈을 성취하였다고 해서 모든 것을 하나로 묶어서 처리해 버리는 두루뭉수리가 아니라 철저히 미세하고, 철저히 치밀하고, 철저히 정확한 지혜의 작용이다. 보현의 미세하게 법을 아는 덕이란 곧 그것이다. 아래에 낱낱이 밝혔다.

여시등일체심미세 어일념중 실능요지
如是等一切甚微細를 **於一念中**에 **悉能了知**호대
이심불공포 심불미혹 불란불산 불탁
而心不恐怖하며 **心不迷惑**하며 **不亂不散**하며 **不濁**
불열 기심일연 심선적정 심선분별
不劣하야 **其心一緣**하고 **心善寂定**하고 **心善分別**하고
심선안주
心善安住하니라

"이와 같이 일체 매우 미세함을 잠깐 동안에 모두 알지마는, 마음이 두렵지도 않고 미혹하지도 않고 착란하지도 않고 산란하지도 않고 흐리지도 않고 용렬하지도 아니하여, 마음이 한 가지를 반연하고 마음이 잘 고요하고 마음이 잘 분별하고 마음이 잘 머무느니라."

해탈을 통하여 이와 같이 미세하게 안다고 하여 마음에 공포가 있는 것도 아니며, 미혹이 있는 것도 아니며, 마음이 산란하거나 혼탁하거나 용렬하지도 않다. 마음이 하나에 반연하여 잘 집중하고 고요하면서 잘 분별하고 잘 안주한다. 공적영지空寂靈知 하다. 즉 마음이 맑은 연못이 청명하면서 주변의 모든 것을 환하게 비추는 것과 같다. 이것이 진정한 해탈한 마음이다.

2〉 중생들의 갈래를 아는 미세한 지혜

이무착무박해탈심 주보살지 수보현
以無着無縛解脫心으로 住菩薩智하야 修普賢

행 무유해권 능지일체중생취심미세 중
行호대 無有懈倦하야 能知一切衆生趣甚微細와 衆

생사심미세 중생생심미세 중생주심미세
生死甚微細와 衆生生甚微細와 衆生住甚微細와

중생처심미세 중생품류심미세 중생경계
衆生處甚微細와 衆生品類甚微細와 衆生境界

심미세 중생행심미세 중생취심미세 중생
甚微細와 衆生行甚微細와 衆生取甚微細와 衆生

반연심미세 여시등일체심미세 어일념중
攀緣甚微細하야 **如是等一切甚微細**를 **於一念中**에

실능요지
悉能了知하니라

"집착이 없고 속박이 없이 해탈한 마음으로 보살의 지혜에 머물러 보현의 행을 닦으면서 게으르지 아니하여, 일체 중생의 갈래가 매우 미세함과 중생의 죽음이 매우 미세함과 중생의 나는 것이 매우 미세함과 중생의 머무는 것이 매우 미세함과 중생의 처소가 매우 미세함과 중생의 종류가 매우 미세함과 중생의 경계가 매우 미세함과 중생의 행行이 매우 미세함과 중생의 취함이 매우 미세함과 중생의 반연함이 매우 미세함을 능히 아느니라. 이와 같은 등 일체 매우 미세함을 잠깐 동안에 다 능히 아느니라."

집착이 없고 속박이 없이 해탈한 마음으로 보살의 지혜에 머물러 보현의 행을 닦으면 중생들의 여러 갈래[諸趣]를 아는 미세한 지혜도 함께하게 된다. 자신의 해탈은 또 다른 수많은 사람들의 해탈로 전파되어야 한다. 그것이 해탈지견解

脫知見이다. 삼학을 수행하여 해탈을 얻고 다시 해탈지견으로 나아가는 뜻이 그것이다. 불교에서 가장 소중하고 가치 있게 생각하는 보시는 사람들을 해탈로 인도하는 것이다. 해탈할 수 있게 하는 진리의 가르침을 중요시하는 뜻도 그것이다. 중생을 해탈로 인도하기 위해서 중생들의 갖가지 갈래를 미세하게 아는 것이다.

3〉 보살행의 덕을 아는 미세한 지혜

이무착무박해탈심 입심지락 수보현
以無着無縛解脫心으로 立深志樂하고 修普賢

행 능지일체보살 종초발심 위일체중
行하야 能知一切菩薩의 從初發心으로 爲一切衆

생 수보살행심미세 보살주처심미세 보
生하야 修菩薩行甚微細와 菩薩住處甚微細와 菩

살신통심미세 보살유행무량불찰심미세
薩神通甚微細와 菩薩遊行無量佛刹甚微細와

보살법광명심미세
菩薩法光明甚微細와

"집착이 없고 속박이 없이 해탈한 마음으로 깊은 뜻을 세우고 보현행을 닦아서, 일체 보살이 처음 발심發心한 때부터 일체 중생을 위하여 보살행을 닦음이 매우 미세함과, 보살의 있는 곳이 매우 미세함과, 보살의 신통이 매우 미세함과, 보살이 무량한 부처님의 세계에 노니는 것이 매우 미세함과, 보살의 법의 광명이 매우 미세함을 능히 아느니라."

집착이 없고 속박이 없이 해탈한 마음은 보살행의 덕을 아는 미세한 지혜를 성취하여 발심과 수행과 신통과 세계에서 교화를 위해 다니는 일과 법의 광명이 매우 미세함을 능히 다 안다.

보살청정안심미세　보살성취수승심심미
菩薩淸淨眼甚微細와 菩薩成就殊勝心甚微
세　보살왕예일체여래도량중회심미세　보
細와 菩薩往詣一切如來道場衆會甚微細와 菩
살다라니문지심미세　보살무량무외지일체
薩陀羅尼門智甚微細와 菩薩無量無畏地一切

변 재 장 연 설 심 미 세
辯才藏演說甚微細와

"또 보살의 청정한 눈이 매우 미세함과, 보살의 훌륭한 마음을 성취함이 매우 미세함과, 보살이 일체 여래의 대중이 모인 도량에 나아감이 매우 미세함과, 보살의 다라니문의 지혜가 매우 미세함과, 보살이 한량없이 두려움이 없는 자리에서 일체 변재辯才로 연설함이 매우 미세함을 능히 아느니라."

또 집착이 없고 속박이 없이 해탈한 마음은 보살행의 덕을 아는 미세한 지혜를 성취하여 청정한 눈과 훌륭한 마음의 성취와 대중이 모인 도량에 나아감과 다라니문의 지혜와 두려움이 없는 자리에서 일체 변재로 연설함이 매우 미세함을 능히 다 안다. 이와 같은 갖가지 미세함을 다 안다. 번거로움을 피하기 위하여 이하는 부연 설명을 생략한다.

보 살 무 량 삼 매 상 심 미 세 　 보 살 견 일 체 불 삼
菩薩無量三昧相甚微細와 菩薩見一切佛三

매 지 심 미 세　보 살 심 심 삼 매 지 심 미 세　보 살
味智甚微細와 菩薩甚深三昧智甚微細와 菩薩

대 장 엄 삼 매 지 심 미 세　보 살 법 계 삼 매 지 심 미
大莊嚴三昧智甚微細와 菩薩法界三昧智甚微

세
細와

"또 보살의 한량없는 삼매三昧가 매우 미세함과, 보살이 모든 부처님을 보는 삼매의 지혜가 매우 미세함과, 보살의 매우 깊은 삼매의 지혜가 매우 미세함과, 보살의 대장엄大莊嚴삼매의 지혜가 매우 미세함과, 보살의 법계삼매法界三昧의 지혜가 매우 미세함을 능히 아느니라."

보 살 대 자 재 신 통 삼 매 지 심 미 세　보 살 진 미
菩薩大自在神通三昧智甚微細와 菩薩盡未

래 제 광 대 행 주 지 삼 매 지 심 미 세　보 살 출 생 무
來際廣大行住持三昧智甚微細와 菩薩出生無

량 차 별 삼 매 지 심 미 세　보 살 출 생 일 체 제 불 전
量差別三昧智甚微細와 菩薩出生一切諸佛前하야

근수공양　항불사리　삼매지심미세
勤修供養하야 恒不捨離하는 三昧智甚微細와

"또 보살의 대자재大自在신통삼매의 지혜가 매우 미세함과, 보살이 오는 세상이 끝나도록 광대한 행에 머물러 유지하는 삼매의 지혜가 매우 미세함과, 보살의 무량한 차별한 삼매를 내는 지혜가 매우 미세함과, 보살이 모든 부처님 앞에 나서 부지런히 공양을 닦아 항상 버리지 않는 삼매의 지혜가 매우 미세함을 능히 아느니라."

보살　수행일체심심광박무장무애삼매지
菩薩의 修行一切甚深廣博無障無礙三昧智

심미세　보살　구경일체지지　주지행지지
甚微細와 菩薩의 究竟一切智地와 住持行智地와

대신통지　결정의지　이예삼매지심미세
大神通地와 決定義地에 離翳三昧智甚微細하야

여시등일체심미세　실능요지
如是等一切甚微細를 悉能了知하니라

"또 보살이 일체 매우 깊고 넓고 장애가 없는 삼매

를 수행하는 지혜가 매우 미세함과, 보살이 온갖 지혜의 자리와 행에 머물러 유지하는 지혜의 자리와 큰 신통의 자리와 결정한 이치의 자리에 끝까지 이르러 장애를 여의는 삼매의 지혜가 매우 미세함을 아는 것이니, 이와 같은 등 여러 가지 매우 미세한 것을 모두 다 능히 아느니라."

여기까지 집착이 없고 속박이 없이 해탈한 마음으로 보살행의 덕을 아는 미세한 지혜를 성취하는 내용을 밝혔다.

4〉 보살 지위의 덕을 아는 미세한 지혜

이 무 착 무 박 해 탈 심　수 보 현 행　실 지 일
以無着無縛解脫心으로 **修普賢行**하야 **悉知一**

체 보 살 안 립 지 심 미 세　보 살 지 심 미 세　보 살 무
切菩薩安立智甚微細와 **菩薩地甚微細**와 **菩薩無**

량 행 심 미 세　보 살 출 생 회 향 심 미 세　보 살 득
量行甚微細와 **菩薩出生廻向甚微細**와 **菩薩得**

일 체 불 장 심 미 세
一切佛藏甚微細와

"집착이 없고 속박이 없이 해탈한 마음으로 보현의 행을 닦아서 일체 보살의 나란히 정돈하는 지혜가 매우 미세함과, 보살의 지위가 매우 미세함과, 보살의 한량없는 행이 매우 미세함과, 보살이 회향함을 내는 것이 매우 미세함과, 보살이 일체 부처님의 장藏을 얻음이 매우 미세함을 다 아느니라."

집착이 없고 속박이 없이 해탈한 마음으로 보현의 행을 닦아서 여러 보살 지위의 덕을 아는 미세한 지혜를 밝혔다. 보살의 안립과 보살의 지위와 한량없는 행과 회향함을 내는 것 등등의 미세함을 다 안다. 이하는 번거로움을 피하기 위해서 부연 설명을 생략한다.

보살관찰지심미세　보살신통원력심미세
菩薩觀察智甚微細와 菩薩神通願力甚微細와

보살연설삼매심미세　보살자재방편심미세
菩薩演說三昧甚微細와 菩薩自在方便甚微細와

보살인심미세
菩薩印甚微細와

"또 보살의 관찰하는 지혜가 매우 미세함과, 보살의 신통과 원력願力이 매우 미세함과, 보살의 연설하는 삼매가 매우 미세함과, 보살의 자재한 방편이 매우 미세함과, 보살의 인印이 매우 미세함을 다 아느니라."

보살일생보처심미세 보살생도솔천심미세 보살주지천궁심미세 보살엄정불국심미세 보살관찰인중심미세
菩薩一生補處甚微細와 菩薩生兜率天甚微細와 菩薩住止天宮甚微細와 菩薩嚴淨佛國甚微細와 菩薩觀察人中甚微細와

"또 보살의 일생보처一生補處가 매우 미세함과, 보살이 도솔타천에 나는 것이 매우 미세함과, 보살이 천궁에 머무름이 매우 미세함과, 보살이 국토를 장엄함이 매우 미세함과, 보살이 인간 세상을 관찰함이 매우 미세함을 다 아느니라."

보살방대광명심미세　보살종족수승심미
菩薩放大光明甚微細와 菩薩種族殊勝甚微

세　보살도량중회심미세　보살변일체세계
細와 菩薩道場衆會甚微細와 菩薩徧一切世界

수생심미세　보살　어일신　시현일체신명종
受生甚微細와 菩薩의 於一身에 示現一切身命終

심미세
甚微細와

"또 보살이 큰 광명을 놓는 것이 매우 미세함과, 보살의 종족이 훌륭함이 매우 미세함과, 보살의 도량에 모인 대중이 매우 미세함과, 보살이 일체 세계에 태어남이 매우 미세함과, 보살이 한 몸에 모든 몸을 나타내 보여 목숨을 마침이 매우 미세함을 다 아느니라."

보살　입모태심미세　보살　주모태심미세
菩薩의 入母胎甚微細와 菩薩의 住母胎甚微細와

보살　재모태중　　자재시현일체법계도량중
菩薩의 在母胎中하야 自在示現一切法界道場衆

회심미세 보살 재모태중 시현일체불신
會甚微細와 菩薩의 在母胎中하야 示現一切佛神

력심미세 보살시현탄생사심미세
力甚微細와 菩薩示現誕生事甚微細와

"또 보살이 어머니의 태胎에 드는 것이 매우 미세함과, 보살이 어머니의 태에 머무는 것이 매우 미세함과, 보살이 어머니의 태 속에서 일체 법계의 도량에 모인 대중을 자재하게 나타내는 것이 매우 미세함과, 보살이 어머니의 태 속에서 일체 부처님의 신통력을 나타내 보이는 것이 매우 미세함과, 보살이 탄생하는 일을 보이는 것이 매우 미세함을 다 아느니라."

보살사자유행칠보지심미세 보살 시처왕
菩薩獅子遊行七步智甚微細와 菩薩의 示處王

궁교방편지심미세 보살 출가 수조복행
宮巧方便智甚微細와 菩薩의 出家하야 修調伏行

심미세 보살 보리수하 좌도량심미세 보
甚微細와 菩薩의 菩提樹下에 坐道場甚微細와 菩

살 파마군중 성아뇩다라삼먁삼보리심미
薩의 破魔軍衆하야 成阿耨多羅三藐三菩提甚微

세
細와

"또 보살이 사자처럼 일곱 걸음을 다니는 지혜가 매우 미세함과, 보살이 왕궁에 거처함을 보이는 공교한 방편의 지혜가 매우 미세함과, 보살이 출가하여 조복하는 행을 닦음이 매우 미세함과, 보살이 보리수 아래의 도량에 앉으심이 매우 미세함과, 보살이 마군의 무리를 깨뜨리고 아뇩다라삼먁삼보리를 이루심이 매우 미세함을 다 아느니라."

집착이 없고 속박이 없이 해탈한 마음으로 보현의 행을 닦아서 세존이 보살로 태어나서 일곱 걸음을 걸으신 것과 왕궁에서 사신 일과 출가하고 수행하고 보리수하에서 마군을 항복 받고 정각을 성취하신 과정에 낱낱이 지극히 미세하고 깊은 사연들을 다 알게 된 것을 밝혔다.

여래 좌보리좌방대광명 조시방계심미
如來의 坐菩提座放大光明하사 照十方界甚微

세 여래시현무량신변심미세 여래사자후
細와 如來示現無量神變甚微細와 如來獅子吼

대열반심미세 여래조복일체중생 이무소
大涅槃甚微細와 如來調伏一切衆生호대 而無所

애심미세
礙甚微細와

"또 여래가 보리좌菩提座에 앉아서 큰 광명을 놓아 시방세계를 비추는 일이 매우 미세함과, 여래가 무량한 신통변화를 나타내심이 매우 미세함과, 여래가 사자후獅子吼하시고 크게 열반하심이 매우 미세함과, 여래가 일체 중생을 조복하는 데 장애가 없음이 매우 미세함을 다 아느니라."

세존이 정각을 이룬 뒤에는 여래라는 말로 표현된다. 여래가 보리좌에 앉아 큰 광명을 놓아 시방세계를 비추는 일과 한량없는 신통과 사자후의 설법과 열반까지 다 앎을 밝혔다.

여래부사의자재력여금강보리심심미세
如來不思議自在力如金剛菩提心甚微細와

여래보호념일체세간경계심미세 여래보어
如來普護念一切世間境界甚微細와 如來普於

일체세계 시작불사 진미래겁 이무휴식
一切世界에 施作佛事호대 盡未來劫토록 而無休息

심미세
甚微細와

"또 여래의 부사의하게 자재한 힘과 금강金剛 같은 보리심이 매우 미세함과, 여래가 일체 세간의 경계를 두루 호념護念하심이 매우 미세함과, 여래가 일체 세계에서 불사佛事를 지으며 오는 세월이 끝나도록 쉬지 않으심이 매우 미세함을 다 아느니라."

여래무애신력주변법계심미세 여래어진
如來無礙神力周徧法界甚微細와 如來於盡

허공계일체세계 보현성불 조복중생심미
虛空界一切世界에 普現成佛하사 調伏衆生甚微

세 여래어일불신 현무량불신심미세 여래
細와 如來於一佛身에 現無量佛身甚微細와 如來

어거래금삼세중 개처도량자재지심미세
於去來今三世中에 皆處道場自在智甚微細하야

"또 여래의 걸림 없는 신통력으로 법계에 두루 하심이 매우 미세함과, 여래가 온 허공의 일체 세계에서 성불함을 널리 나타내어 중생을 조복함이 매우 미세함과, 여래가 한 몸에 한량없는 부처님의 몸을 나타내심이 매우 미세함과, 여래가 과거 미래 현재의 삼세에서 모두 도량에 계시는 자재한 지혜가 매우 미세함을 다 아느니라."

여시등일체미세 실능요지 성취청정
如是等一切微細를 悉能了知하야 成就淸淨하야

보능시현일체세간 어염념중 증장지혜
普能示現一切世間하며 於念念中에 增長智慧하야

원만불퇴 선교방편 수보살행 무유휴
圓滿不退하며 善巧方便으로 修菩薩行호대 無有休

식
息하며

"이와 같이 일체 미세한 것을 다 분명히 알고 청정함을 성취하여 일체 세간에 두루 나타내며, 잠깐잠깐 동안에 지혜를 증장하고 원만하여 물러가지 아니하며, 교묘한 방편으로 보살의 행을 닦아 쉬는 일이 없느니라."

성취보현회향지지　구족일체여래공덕
成就普賢廻向之地하야 具足一切如來功德하며
영불염사보살소행　출생보살현전경계　무
永不厭捨菩薩所行하야 出生菩薩現前境界하녀 無
량방편　개실청정
量方便이 皆悉清淨하야

"보현의 회향하는 자리를 성취하여 일체 여래의 공덕을 구족하며, 보살의 행할 것을 영원히 버리지 아니하며, 보살의 눈앞의 경계를 내어 한량없는 방편을 모두 청정하게 하느니라."

보욕안은일체중생　수보살행　성취보
普欲安隱一切衆生하며 修菩薩行하야 成就菩

살대위덕지　득제보살심지낙욕　획금강
薩大威德地하며 得諸菩薩心之樂欲하야 獲金剛

당회향지문　출생법계제공덕장　상위제
幢廻向之門하며 出生法界諸功德藏하야 常爲諸

불지소호념
佛之所護念하며

"일체 중생을 모두 편안케 하려고 보살의 행을 닦으며, 보살의 큰 위덕을 성취하여 모든 보살들의 마음으로 좋아함을 얻으며, 금강당金剛幢보살의 회향하는 문을 얻고 법계의 모든 공덕장功德藏을 내어 항상 모든 부처님의 호념하는 바가 되느니라."

입제보살심묘법문　연설일체진실지의
入諸菩薩深妙法門하야 演說一切眞實之義하며

어법　선교　무소위실　기대서원　불사
於法에 善巧하야 無所違失하며 起大誓願하야 不捨

중생　어일념중　진지일체심비심지경계지
衆生하며 於一念中에 盡知一切心非心地境界之

장 어비심처 시생어심 원리어언 안
藏하며 於非心處에 示生於心하야 遠離語言하고 安

주지혜
住智慧하며

"모든 보살들의 깊고 묘한 법문에 들어가서 모든 진실한 뜻을 연설하며, 법에 매우 교묘하여 어기는 일이 없으며, 큰 서원을 내어 중생을 버리지 아니하며, 한 생각 동안에 모든 마음의 처지와 마음이 아닌 처지의 경계의 장藏을 다 알고, 마음이 아닌 곳에 마음을 일부러 내되 말하는 것을 멀리 여의고 지혜에 편안히 머무느니라."

동제보살소행지행 이자재력 시성불
同諸菩薩所行之行하야 以自在力으로 示成佛

도 진미래제 무유휴식 일체세간 중
道호대 盡未來際토록 無有休息하며 一切世間의 衆

생겁수 망상언설지소건립 신통원력 실
生劫數와 忘想言說之所建立을 神通願力으로 悉

능시현
能示現하니라

"보살의 행하는 수행과 같이 하여 자재한 힘으로 불도佛道를 이룸을 보이되 오는 세월이 끝나도록 쉬지 아니하며, 일체 세간과 중생과 겁劫을 망상과 말로써 건립建立하는 것을 신통과 원력으로 모두 나타내 보이느니라."

집착이 없고 속박이 없이 해탈한 마음으로 보현의 행을 닦아서 보살의 삶과 정각과 여래의 중생 교화의 갖가지 모습을 다 앎을 밝혔다.

5〉 중생세계를 아는 미세한 지혜

이무착무박해탈심 수보현행 득일체
以無着無縛解脫心으로 **修普賢行**하야 **得一切**

중생계심미세지
衆生界甚微細智하나니

"집착이 없고 속박이 없이 해탈한 마음으로 보현의 행을 닦아서 일체 중생계의 매우 미세한 지혜를 얻느니라."

불교를 수행의 종교라 한다. 수행을 가장 우선으로 여기면서 그만큼 수행의 종류가 많기 때문이다. 수많은 수행 가운데 가장 수승한 것은 무엇일까. 자신에게나 다른 사람에게 가장 필요하며, 또 모든 부처님과 모든 보살과 모든 조사와 선지식들이 가장 우선으로 생각하는 수행은 무엇일까. 그것은 보살행이며 보현행이다. 수많은 수행을 통하여 부처가 되고 나서는 다시 보살로 돌아와 영원히 보현행을 실천하며 사는 것이기 때문이다. 그리고 보현행은 집착이 없고 속박이 없이 해탈한 마음이라야 제대로 닦을 수 있음을 이 집착이 없고 속박이 없는 해탈 회향에서 설하는 것이다. 보현행은 모든 것을 알되 매우 미세하게 아는 지혜임을 줄기차게 설하고 있다.

소 위 중 생 계 분 별 심 미 세 지　중 생 계 언 설 심
所謂衆生界分別甚微細智와 衆生界言說甚

미 세 지　중 생 계 집 착 심 미 세 지　중 생 계 이 류 심
微細智와 衆生界執着甚微細智와 衆生界異類甚

미 세 지
微細智와

"이른바 중생계의 분별에 매우 미세한 지혜와, 중생계의 말[言]에 매우 미세한 지혜와, 중생계의 집착에 매우 미세한 지혜와, 중생계의 다른 종류에 매우 미세한 지혜이니라."

중생계동류심미세지 중생계무량취심미
衆生界同類甚微細智와 衆生界無量趣甚微
세지 중생계부사의종종분별소작심미세지
細智와 衆生界不思議種種分別所作甚微細智와
중생계무량잡염심미세지 중생계무량청정심
衆生界無量雜染甚微細智와 衆生界無量清淨甚
미세지
微細智라

"또 중생계의 같은 종류에 매우 미세한 지혜와, 중생계의 한량없는 갈래에 매우 미세한 지혜와, 중생계의 부사의한 갖가지 분별하여 짓는 데 매우 미세한 지혜와, 중생계의 한량없이 뒤섞이고 물든 데 매우 미세한 지혜와, 중생계의 한량없이 청정한 데 매우 미세한 지혜이니라."

집착이 없고 속박이 없이 해탈한 마음으로 보현의 행을 닦아서 일체 중생계를 아는 미세한 지혜의 덕을 밝혔다.

여시등일체중생계경계심미세 어일념중
如是等一切衆生界境界甚微細를 於一念中에

능이지혜 개여실지 광섭중생 이위설
能以智慧로 皆如實知하야 廣攝衆生하야 而爲說

법 개시종종청정법문 영수보살광대지
法하야 開示種種淸淨法門하야 令修菩薩廣大智

혜 화신무량 견자환희 이지일광 조
慧하며 化身無量하야 見者歡喜하며 以智日光으로 照

보살심 영기개오 지혜자재
菩薩心하야 令其開悟하야 智慧自在하니라

"이러한 일체 중생계의 경계가 미세한 것을 잠깐 동안에 능히 지혜로써 사실대로 알아서 중생들을 널리 포섭하고 법을 설하여 갖가지 청정한 법문을 열어서 보여 주며, 보살의 광대한 지혜를 닦게 하고 화신化身이 한량없어 보는 이로 하여금 환희케 하며, 지혜의 햇빛으로 보살의 마음을 비추어 그들을 깨닫게 하여 지혜가 자재하게 하느니라.”

능히 아는 지혜의 덕을 결론 맺었다. 집착이 없고 속박이 없이 해탈한 마음으로 보현의 행을 닦아서 일체 중생계의 매우 미세한 지혜를 얻어 중생들에게 널리 설법하여 가지가지 청정한 법문을 열어 보인다. 수많은 보현행에서 가장 중요한 것은 석가세존이 하신 것처럼 진리를 보시하는 것이며 진리의 가르침을 보시하는 것이다. 그로 인해 모두 보살이 되어 세상을 온통 진리를 보시하는 보살로 가득 채우는 것이 불교가 궁극에 해야 할 일이다.

6〉 세계를 아는 미세한 지혜

이무착무박해탈심 위일체중생 어일
以無着無縛解脫心으로 **爲一切衆生**하야 **於一**

체세계 수보현행 득진허공계법계일체세
切世界에 **修普賢行**하야 **得盡虛空界法界一切世**

계심미세지
界甚微細智하나니

"집착이 없고 속박이 없이 해탈한 마음으로 일체 중생을 위하여 모든 세계에서 보현의 행을 닦아, 온 허공계와 법계의 일체 세계에 대하여 매우 미세한 지혜를 얻느니라."

소위소세계심미세지 대세계심미세지 잡
所謂小世界甚微細智와 大世界甚微細智와 雜
염세계심미세지 청정세계심미세지 무비세
染世界甚微細智와 淸淨世界甚微細智와 無比世
계심미세지
界甚微細智와

"이른바 작은 세계의 매우 미세한 지혜와, 큰 세계의 매우 미세한 지혜와, 더러운 세계의 매우 미세한 지혜와, 청정한 세계의 매우 미세한 지혜와, 견줄 데 없는 세계의 매우 미세한 지혜이니라."

종종세계심미세지 광세계심미세지 협
種種世界甚微細智와 廣世界甚微細智와 狹

세계심미세지　무애장엄세계심미세지　변
世界甚微細智와 無礙莊嚴世界甚微細智와 徧

일체세계불출현심미세지
一切世界佛出現甚微細智와

"또 가지가지 세계의 매우 미세한 지혜와, 넓은 세계의 매우 미세한 지혜와, 좁은 세계의 매우 미세한 지혜와, 걸림 없이 장엄한 세계의 매우 미세한 지혜와, 일체 세계에 두루 하게 부처님이 출현하는 데 매우 미세한 지혜이니라."

변일체세계설정법심미세지　변일체세계
徧一切世界說正法甚微細智와 徧一切世界

보현신심미세지　변일체세계방대광명심미
普現身甚微細智와 徧一切世界放大光明甚微

세지　진일체세계시현제불자재신통심미세
細智와 盡一切世界示現諸佛自在神通甚微細

지
智와

"또 일체 세계에 두루 하여 바른 법을 연설하는 데

매우 미세한 지혜와, 일체 세계에 두루 하여 몸을 나타내는 데 매우 미세한 지혜와, 일체 세계에 두루 하여 큰 광명을 놓는 데 매우 미세한 지혜와, 일체 세계가 끝나는 데까지 모든 부처님의 자재한 신통을 나타내는 매우 미세한 지혜이니라."

진일체세계이일음성 시일체음심미세지
盡一切世界以一音聲으로 示一切音甚微細智와

입일체세계일체불찰도량중회심미세지 이
入一切世界一切佛刹道場衆會甚微細智와 以

일체법계불찰 작일불찰심미세지 이일불
一切法界佛刹로 作一佛刹甚微細智와 以一佛

찰 작일체법계불찰심미세지
刹로 作一切法界佛刹甚微細智와

"또 일체 세계가 끝난 데까지 한 음성으로 일체 음성을 보이는 매우 미세한 지혜와, 일체 세계에 모든 부처님 국토의 도량에 모인 대중 가운데 들어가는 데 매우 미세한 지혜와, 일체 법계의 부처님 세계로 한 부처님 세계를 만드는 매우 미세한 지혜와, 한 부처님 세계로 일체 법계의 부처님 세계를 만드는 매우 미세한 지혜이니라."

지일체세계여몽심미세지 지일체세계여
知一切世界如夢甚微細智와 **知一切世界如**

상심미세지 지일체세계여환심미세지
像甚微細智와 **知一切世界如幻甚微細智**라

"또 일체 세계가 꿈과 같음을 아는 매우 미세한 지혜와, 일체 세계가 영상과 같음을 아는 매우 미세한 지혜와, 일체 세계가 환영과 같음을 아는 매우 미세한 지혜이니라."

세계를 아는 미세한 지혜를 열거하였다. 일체 세계가 꿈과 같고 영상과 같고 환영과 같음을 아는 매우 미세한 지혜들이다.

여시요지 출생일체보살지도 입보현
如是了知하야 **出生一切菩薩之道**하야 **入普賢**

행지혜신통 구보현관 수보살행 상무
行智慧神通하며 具普賢觀하고 修菩薩行하야 常無

휴식 득일체불자재신변 구무애신 주
休息하며 得一切佛自在神變하야 具無礙身하고 住

무의지
無依智하며

"이와 같이 알고는 일체 보살의 도道를 내며, 보현의 행과 지혜와 신통에 들어가서 보현의 관찰을 갖추어 보살의 행을 닦기를 항상 쉬지 아니하며, 모든 부처님의 자재한 신통변화를 얻고 걸림 없는 몸을 갖추어 의지함이 없는 지혜에 머무느니라."

어제선법 무소취착 심지소행 실무소
於諸善法에 無所取着하며 心之所行이 悉無所

득 어일체처 기원리상 어보살행 기정
得하며 於一切處에 起遠離想하며 於菩薩行에 起淨

수상 어일체지 무취착상 이제삼매 이
修想하며 於一切智에 無取着想하며 以諸三昧로 而

자 장 엄　　지 혜 수 순 일 체 법 계
自莊嚴하며 **智慧隨順一切法界**하니라

"또 여러 선善한 법에 집착함이 없고 마음이 행하는 바에 얻을 것이 없으며, 모든 처소에서는 멀리 여의는 생각을 내고, 보살의 행에는 깨끗이 닦을 생각을 일으키며, 온갖 지혜에는 취하려는 생각이 없고, 모든 삼매로 스스로 장엄하고 지혜로 모든 법계를 수순하느니라."

미세한 지혜로 세계를 아는 덕을 밝혔다. 보살도를 내고, 보현의 관찰을 갖추어 쉬지 않고 보살행을 닦으며, 걸림 없는 몸을 갖추어 의지함이 없는 지혜에 머물고, 모든 선한 법에 집착이 없으며, 마음이 행하는 바에 얻을 것이 없으며, 나아가서 모든 삼매로 스스로 장엄하고 지혜로 모든 법계를 수순한다.

7〉 법계를 아는 미세한 지혜

이 무 착 무 박 해 탈 심　　입 보 현 보 살 행 문
以無着無縛解脫心으로 **入普賢菩薩行門**하야

득무량법계심미세지 연설일체법계심미세
得無量法界甚微細智와 演說一切法界甚微細

지 입광대법계심미세지 분별부사의법계
智와 入廣大法界甚微細智와 分別不思議法界

심미세지 분별일체법계심미세지
甚微細智와 分別一切法界甚微細智와

"집착이 없고 속박이 없이 해탈한 마음으로 보현보살의 수행하는 문에 들어가서 한량없는 법계의 매우 미세한 지혜와, 일체 법계를 연설하는 매우 미세한 지혜와, 광대한 법계에 들어가는 매우 미세한 지혜와, 부사의한 법계를 분별하는 매우 미세한 지혜와, 일체 법계를 분별하는 매우 미세한 지혜를 얻느니라."

보현普賢이라는 말은 불교 수행의 궁극인 부처님의 경지에 올라 그 지위에서 표현되는 지극한 자비와 그 자비의 실천행을 뜻한다. 수행이 지극하여 부처의 경지에 오르면 그 자리에 머물러 있지 않고 다시 중생들에게 자비를 실천하기 위해서 보살의 위치로 돌아오는데 문수보살이나 보현보살이나 관음보살이나 지장보살 같은 이들이 그들이다.

그동안은 무착무박해탈회향을 보현행을 닦아서 이루어지는 것으로 설해지다가 여기에 이르러서는 곧장 '보현보살의 수행문'이라고 설하였다. 다시 정리하면 보현행이라는 말은 곧 모든 보살행의 총칭이다. 그리고 보현보살은 모든 보살이 보살행을 행하는 지극한 위치에 있는 보살이다. 그러므로 보현은 곧 보현보살이 되기 때문에 앞에서는 보현행이라고만 하다가 여기에 와서는 '보현보살의 수행문'이라고 하였다. 보현행이나 보현보살의 수행문이나 다른 점은 없다.

일념 변일체법계심미세지 보입일체법계
一念에 **徧一切法界甚微細智**와 **普入一切法界**
심미세지 지일체법계무소득심미세지 관
甚微細智와 **知一切法界無所得甚微細智**와 **觀**
일체법계무소애심미세지 지일체법계무유
一切法界無所礙甚微細智와 **知一切法界無有**
생심미세지 어일체법계 현신변심미세지
生甚微細智와 **於一切法界**에 **現神變甚微細智**하야

"또 잠깐 동안에 일체 법계에 두루 하는 매우 미세한 지혜와, 일체 법계에 두루 들어가는 매우 미세한 지혜와, 일체 법계가 얻을 것 없음을 아는 매우 미세한 지혜와, 일체 법계가 걸릴 것 없음을 관찰하는 매우 미세한 지혜와, 일체 법계가 나는 것이 없음을 아는 매우 미세한 지혜와, 일체 법계에 신통변화를 나타내는 매우 미세한 지혜를 얻느니라."

여시등일체법계심미세 이광대지 개여
如是等一切法界甚微細를 以廣大智로 皆如
실지 어법자재 시보현행 영제중생
實知하야 於法自在하며 示普賢行하야 令諸衆生으로
개실만족 불사어의 불착어법 출생평
皆悉滿足하며 不捨於義하고 不着於法하야 出生平
등무애지지 지무애본 부주일체법 불
等無礙之智하야 知無礙本하며 不住一切法하고 不
괴제법성 여실무염 유약허공
壞諸法性하야 如實無染이 猶若虛空하며

"이와 같은 일체 법계의 매우 미세한 것을 광대한 지

혜로 다 사실과 같이 알아 법에 자재하며, 보현의 행을 보여서 모든 중생들로 하여금 모두 만족케 하며, 이치를 버리지도 않고 법에 집착하지도 않아 평등하고 걸림이 없는 지혜를 내어 걸림이 없는 근본을 알며, 일체 법에 머무르지도 않고 법의 성품을 깨뜨리지도 않으면서 실상과 같이 물들지 않음이 마치 허공과 같으니라."

수순세간 기어언설 개진실의 시적
隨順世間하야 **起於言說**하야 **開眞實義**하고 **示寂**

멸성 어일체경 무의무주 무유분별
滅性하며 **於一切境**에 **無依無住**하고 **無有分別**하야

명견법계 광대안립 요제세간 급일체법
明見法界의 **廣大安立**하며 **了諸世間**과 **及一切法**이

평등무이 이일체착
平等無二하야 **離一切着**하니라

"세간을 수순하여 말을 일으키고 진실한 이치를 펼쳐 놓아 적멸한 성품을 보이며, 모든 경계에 의지함도 없고 머물지도 않고 분별도 없지마는 법계가 광대하게 나란히 건립된 것을 분명히 보며, 모든 세간과 일체 법

이 평등하고 둘이 없는 줄을 알아서 모든 집착을 여의었느니라."

매우 미세한 지혜로 법계를 아는 덕을 나타내었다. 광대한 지혜로 다 사실과 같이 알아 법에 자재하며, 보현의 행을 보여서 모든 중생들로 하여금 모두 만족케 하는 등에서부터 모든 세간과 일체 법이 평등하고 둘이 없는 줄을 알아서 모든 집착을 여의는 것이다.

8〉 겁을 아는 미세한 지혜

이무착무박해탈심 수보현행 생제겁
以無着無縛解脫心으로 **修普賢行**하야 **生諸劫**

심미세지
甚微細智하나니

"집착이 없고 속박이 없이 해탈한 마음으로 보현의 행을 닦아 모든 겁에 매우 미세한 지혜를 내느니라."

집착이 없고 속박이 없이 해탈한 마음으로 보현의 행을 닦아서 온갖 겁을 아는 여러 가지의 매우 미세한 지혜를 밝혔다.

소위이불가설겁 위일념심미세지 이일
所謂以不可說劫으로 **爲一念甚微細智**와 **以一**
념 위불가설겁심미세지 이아승지겁
念으로 **爲不可說劫甚微細智**와 **以阿僧祇劫**으로
입일겁심미세지 이일겁 입아승지겁심미
入一劫甚微細智와 **以一劫**으로 **入阿僧祇劫甚微**
세지
細智와

"이른바 말할 수 없는 겁으로 한 생각을 삼는 매우 미세한 지혜와, 한 생각으로 말할 수 없는 겁을 삼는 매우 미세한 지혜와, 아승지겁을 한 겁에 넣는 매우 미세한 지혜와, 한 겁을 아승지겁에 넣는 매우 미세한 지혜이니라."

일념이 무량한 겁이고 무량한 겁이 일념이어서 장단이 서로 걸림이 없고 일념과 삼세가 서로 걸림이 없음을 아는 매

우 미세한 지혜다. 집착이 없고 속박이 없이 해탈한 마음으로 보현의 행을 닦으면 공간과 시간에 모두 걸림이 없는 미세한 지혜를 낸다.

이장겁 입단겁심미세지 이단겁 입
以長劫으로 **入短劫甚微細智**와 **以短劫**으로 **入**

장겁심미세지 입유불겁무불겁심미세지
長劫甚微細智와 **入有佛劫無佛劫甚微細智**와

지일체겁수심미세지 지일체겁비겁심미세
知一切劫數甚微細智와 **知一切劫非劫甚微細**

지 일념중 견삼세일체겁심미세지
智와 **一念中**에 **見三世一切劫甚微細智**라

"또 긴 겁을 짧은 겁에 넣는 매우 미세한 지혜와, 짧은 겁을 긴 겁에 넣는 매우 미세한 지혜와, 부처님이 있는 겁에나 부처님이 없는 겁에 들어가는 매우 미세한 지혜와, 일체 겁의 수효를 아는 매우 미세한 지혜와, 일체 겁과 겁이 아닌 것을 아는 매우 미세한 지혜와, 한 생각 가운데 삼세의 모든 겁을 보는 매우 미세한 지혜이니라."

여시등일체제겁심미세 이여래지 어일
如是等一切諸劫甚微細를 以如來智로 於一

념중 개여실지 득제보살원만행왕심 입
念中에 皆如實知하야 得諸菩薩圓滿行王心과 入

보현행심 이일체분별이도희론심 발대원
普賢行心과 離一切分別異道戲論心과 發大願

무해식심
無懈息心과

"이와 같은 모든 겁에 매우 미세한 것을 여래의 지혜로써 한 생각 동안에 다 실상實相과 같이 알고는 모든 보살의 행을 원만히 하는 으뜸가는 마음과, 보현의 행에 들어가는 마음과, 일체를 분별하는 외도의 희롱거리 언론을 여의는 마음과, 큰 원을 내어 쉬지 아니하는 마음을 얻느니라."

모든 겁에 매우 미세한 것을 여래의 지혜로써 한 생각 동안에 다 실상과 같이 알고는 열 가지 뛰어난 마음을 얻게 됨을 밝혔다.

보견무량세계망 무량제불충만심 어제
普見無量世界網에 無量諸佛充滿心과 於諸

불선근제보살행 능문지심 어안위일체중
佛善根諸菩薩行에 能聞持心과 於安慰一切衆

생광대행 문이불망심
生廣大行에 聞已不忘心과

"또 한량없는 세계에 한량없는 부처님이 충만함을 모두 보는 마음과, 모든 부처님의 선근과 모든 보살의 행을 듣고 지니는 마음과, 일체 중생을 위로하는 광대한 행을 듣고 잊지 않는 마음을 얻느니라."

능어일체겁 현불출세심 어일일세계 진
能於一切劫에 現佛出世心과 於一一世界에 盡

미래제 행부동행무휴식심 어일체세계중
未來際토록 行不動行無休息心과 於一切世界中에

이여래신업 충만보살신심
以如來身業으로 充滿菩薩身心하니라

"또 일체 겁에 부처님이 출현하심을 나타내는 마음과, 낱낱 세계에서 오는 세월이 끝나도록 동요하지 않는 행을 닦아 쉬지 않는 마음과, 일체 세계에서 여래의 몸으로 짓는 업이 보살의 몸에 충만한 마음을 얻느니라."

9〉 법을 아는 미세한 지혜

이무착무박해탈심 수보현행 성불퇴
以無着無縛解脫心으로 **修普賢行**하야 **成不退**

전 득일체법심미세지
轉하야 **得一切法甚微細智**하나니

"집착이 없고 속박이 없이 해탈한 마음으로 보현의 행을 닦아 퇴전치 아니하면 일체 법에 매우 미세한 지혜를 얻느니라."

소위심심법심미세지 광대법심미세지
所謂甚深法甚微細智와 **廣大法甚微細智**와

종종법심미세지 장엄법심미세지 일체법
種種法甚微細智와 **莊嚴法甚微細智**와 **一切法**

무유량심미세지
無有量甚微細智와

"이른바 깊고 깊은 법에 매우 미세한 지혜와, 광대한 법에 매우 미세한 지혜와, 갖가지 법에 매우 미세한 지혜와, 장엄한 법에 매우 미세한 지혜와, 일체 법이 한량이 없는 데 매우 미세한 지혜이니라."

일체법 입일법심미세지 일법 입일체법
一切法이 入一法甚微細智와 一法이 入一切法

심미세지 일체법 입비법심미세지 무법중
甚微細智와 一切法이 入非法甚微細智와 無法中에

안립일체법 이불상위심미세지 입일체불
安立一切法호대 而不相違甚微細智와 入一切佛

법방편무유여심미세지
法方便無有餘甚微細智라

"또 일체 법이 한 법에 들어가는 매우 미세한 지혜와, 한 법이 일체 법에 들어가는 매우 미세한 지혜와, 일체 법이 법 아닌 데 들어가는 매우 미세한 지혜와, 법이 없는 가운데 일체 법을 나란히 건립하되 어기지 않는 매우 미세한 지혜와, 일체 불법의 방편에 들어가서 남김이 없는 매우 미세한 지혜이니라."

여 시 등 일 체 세 계 일 체 언 설 소 안 립 법 제 미 세
如是等一切世界一切言說所安立法諸微細

지 여피동등 구지무애 개여실지 득
智에 與彼同等하야 具智無礙하야 皆如實知하며 得

입 무 변 법 계 심 어 일 일 법 계 심 심 견 주
入無邊法界心하야 於一一法界에 深心堅住하야

성 무 애 행 이 일 체 지 충 만 제 근 입 제 불
成無礙行하며 以一切智로 充滿諸根하야 入諸佛

지 정 념 방 편
智正念方便하며

"이러한 일체 세계에 모든 말로 건립한 법에 대한 미세한 지혜는 그것들과 동등하고 그 지혜는 걸림이 없어 모두 사실과 같이 알며, 그지없는 법계에 들어가는 마음을 얻고, 낱낱 법계에 깊은 마음으로 굳게 머물러 걸림 없는 행을 이루며, 온갖 지혜로 여러 근根에 가득하고, 모든 부처님의 지혜인 바른 생각의 방편에 들어가느니라."

성 취 제 불 광 대 공 덕 변 만 법 계 보 입 일
成就諸佛廣大功德하야 徧滿法界하며 普入一

체 제 여 래 신　현 제 보 살 소 유 신 업　수 순 일
切諸如來身하야 現諸菩薩所有身業하며 隨順一

체 세 계 언 사　연 설 어 법　득 일 체 불 신 력 소
切世界言詞하야 演說於法하며 得一切佛神力所

가　지 혜 의 업　출 생 무 량 선 교 방 편　분 별
加한 智慧意業으로 出生無量善巧方便하야 分別

제 법 살 바 야 지
諸法薩婆若智하니라

"모든 부처님의 광대한 공덕을 성취하여 법계에 가득하며, 일체 모든 여래의 몸에 들어가서 모든 보살들의 몸으로 짓는 업을 나타내며, 모든 세계의 말을 따라서 법을 연설하며, 모든 부처님의 신통력으로 가피한 지혜의 마음으로 짓는 업으로 한량없는 교묘한 방편을 내어 모든 법을 분별하는 살바야薩婆若 지혜를 얻느니라."

집착이 없고 속박이 없이 해탈한 마음으로 보현의 행을 닦아 얻은 법을 아는 미세한 지혜와 그 덕을 설하여 마쳤다.

10〉 일체를 아는 미세한 지혜

이무착무박해탈심 수보현행 출생일
以無着無縛解脫心으로 **修普賢行**하야 **出生一**

체심미세지
切甚微細智하나니

"집착이 없고 속박이 없이 해탈한 마음으로 보현의 행을 닦아 일체 매우 미세한 지혜를 내느니라."

일체를 남김없이 다 아는 매우 미세한 지혜를 밝혔다. 일체 세계와 일체 중생과 일체 법의 과보와 일체 중생의 마음과 일체 설법을 할 때 등등을 아는 미세한 지혜이다.

소위지일체찰심미세지 지일체중생심미
所謂知一切刹甚微細智와 **知一切衆生甚微**

세지 지일체법과보심미세지 지일체중생
細智와 **知一切法果報甚微細智**와 **知一切衆生**

심심미세지 지일체설법시심미세지
心甚微細智와 **知一切說法時甚微細智**와

"이른바 일체 세계를 아는 매우 미세한 지혜와, 일

체 중생을 아는 매우 미세한 지혜와, 일체 법의 과보果報를 아는 매우 미세한 지혜와, 일체 중생의 마음을 아는 매우 미세한 지혜와, 일체의 설법할 때를 아는 매우 미세한 지혜이니라."

지일체법계심미세지　지일체진허공계삼
知一切法界甚微細智와 知一切盡虛空界三
세심미세지　지일체어언도심미세지　지일
世甚微細智와 知一切語言道甚微細智와 知一
체세간행심미세지　지일체출세행심미세지
切世間行甚微細智와 知一切出世行甚微細智와

"또 일체 법계를 아는 매우 미세한 지혜와, 일체 온 허공계의 삼세를 아는 매우 미세한 지혜와, 모든 말하는 길을 아는 매우 미세한 지혜와, 일체 세간의 행을 아는 매우 미세한 지혜와, 일체 출세간의 행을 아는 매우 미세한 지혜이니라."

내지지일체여래도일체보살도일체중생도
乃至知一切如來道一切菩薩道一切衆生道

심미세지 수보살행 주보현도 약문
하는 甚微細智로 修菩薩行하고 住普賢道하야 若文

약의 개여실지
若義를 皆如實知하야

"내지 일체 여래의 도道와 일체 보살의 도와 일체 중생의 도를 아는 매우 미세한 지혜로, 보살의 행을 닦고 보현의 도에 머물러서 글이나 뜻을 모두 실제와 같이 아느니라."

생여영지 생여몽지 생여환지 생여
生如影智하며 生如夢智하며 生如幻智하며 生如

향지 생여화지 생여공지 생적멸지
響智하며 生如化智하며 生如空智하며 生寂滅智하며

생일체법계지 생무소의지 생일체불법
生一切法界智하며 生無所依智하며 生一切佛法

지
智니라

"그러고는 그림자 같은 지혜를 내며, 꿈과 같은 지혜를 내며, 환영과 같은 지혜를 내며, 메아리와 같은 지혜를 내며, 변화와 같은 지혜를 내며, 허공과 같은 지혜를 내며, 적멸한 지혜를 내며, 일체 법계의 지혜를 내며, 의지할 데 없는 지혜를 내며, 일체 불법의 지혜를 내느니라."

환영과 같은 자비와 지혜[如幻悲智]를 써서 일체 중생을 제도한다는 말이 있다. 일체를 남김없이 다 아는 미세한 지혜로 걸림이 없고 자유자재한 열 가지 지혜를 내는 것을 밝혔다.

(10) 실제회향實際廻向

불자 보살마하살 이무착무박해탈심회
佛子야 **菩薩摩訶薩**이 **以無着無縛解脫心廻**

향 불분별약세간 약세간법
向호대 **不分別若世間**과 **若世間法**하며

"불자들이여, 보살마하살이 집착이 없고 속박이 없이 해탈한 마음으로 회향하되, 세간과 세간법世間法을 분

별하지 아니하느니라."

세간이 곧 세간법이고 세간법이 곧 세간이다. 세간과 세간법은 둘이 아니기 때문이다. 예컨대 물이 곧 물결이고 물결이 곧 물인 것과 같다. 물과 물결을 어찌 분별하겠는가.

불 분 별 약 보 리　약 보 리 살 타
不分別若菩提와 **若菩提薩埵**하며

"보리와 보리살타를 분별하지 아니하느니라."

보리는 깨달음이고 보리살타는 깨달은 중생이다. 대승불교는 부처의 경지에 올랐다 하더라도 다시 보살의 자리로 돌아와서 중생들과 그 삶을 함께하는 것을 이상으로 생각한다. 그러므로 깨달았으면 곧 중생과 함께하는 까닭에 깨달은 중생과 깨달음을 분별하지 않는다.

불분별약보살행 약출리도
不分別若菩薩行과 **若出離道**하며

"보살의 행과 벗어나는 길을 분별하지 아니하느니라."

보살행은 차별이 없는 참사람임을 깨달은 뒤에 중생들을 제도하는 일이고, 벗어나는 길은 참사람임을 깨달아 생사에서 벗어나는 길이다. 생사에서 벗어난 상태로 중생을 교화하고 제도하는 보살행이 하나이므로 분별하지 않는다. 가장 이상적인 불교인의 삶이다.

불분별약불 약일체불법
不分別若佛과 **若一切佛法**하며

"부처님과 일체 부처님의 법을 분별하지 아니하느니라."

부처님으로부터 부처님의 법이 있음을 알게 되었으므로 일체 부처님의 법은 곧 부처님과 둘이 아니므로 분별하지 않는다.

불분별약조복중생 약부조복중생
不分別若調伏衆生과 **若不調伏衆生**하며

"중생을 조복함과 중생을 조복하지 않음을 분별하지 아니하느니라."

중생은 본래로 중생이 아니라 부처이므로 달리 조복할 것이 없다. 그러므로 중생을 조복함과 조복하지 않음은 둘이 아니다. 그래서 분별하지 않는다.

불분별약선근 약회향
不分別若善根과 **若廻向**하며

"선근과 회향함을 분별하지 아니하느니라."

선근을 닦으면 저절로 회향하는 것이다. 그래서 선근 회향이라는 말을 한다. 선근은 곧 회향이며, 회향은 곧 선근이다. 달리 분별할 것이 없다.

불 분 별 약 자 약 타
不分別若自若他하며

"자신과 다른 이를 분별하지 아니하느니라."

자신과 다른 이는 본래로 하나다. 둘로 나누는 것은 집착이고 편협한 소견이다. 천지는 나와 한뿌리이며 만물은 나와 일체다. 그러므로 분별할 것이 없다.

불 분 별 약 시 물　약 수 시 자
不分別若施物과 **若受施者**하며

"보시하는 물품과 보시 받는 이를 분별하지 아니하느니라."

삼륜三輪이 청정함을 관찰하라는 말이 있다. 보시하는 사람도, 보시하는 물건도, 보시를 받는 사람도 모두가 텅 비어 공함을 보아야 보시할 자격이 있고 보시를 받을 자격이 있다. 그러므로 보시하는 물건과 보시를 받는 이를 분별하지 않는다.

불 분 별 약 보 살 행 　 약 등 정 각
不分別若菩薩行과 **若等正覺**하며

"보살의 행과 등정각等正覺을 분별하지 아니하느니라."

보살행은 정각을 성취해야 바른 보살행이 나온다. 또한 정각을 성취하면 반드시 보살행으로 이어진다. 만약 정각을 이루고도 보살행을 하지 않는다면 그것은 올바른 정각 이룸이 아니다. 보살행을 제대로 한다면 그는 곧 정각을 성취한 사람이다. 그러므로 보살행과 정각을 분별하지 않는다.

불 분 별 약 법 약 지
不分別若法若智니라

"법과 지혜를 분별하지 아니하느니라."

법은 곧 지혜로써 깨닫는 것이다. 지혜가 있는 이는 법을 증득한 사람이다. 그러므로 법과 지혜는 하나다. 분별할 수 없다. 이와 같은 것이 진리, 즉 실제實際에 회향하는 것이다.

(11) 여러 문을 모두 맺다

불자 보살마하살 이피선근 여시회향
佛子야 **菩薩摩訶薩**이 **以彼善根**으로 **如是廻向**

소위심무착무박해탈 신무착무박해탈
하나니 **所謂心無着無縛解脫**과 **身無着無縛解脫**과

구무착무박해탈 업무착무박해탈 보무착
口無着無縛解脫과 **業無着無縛解脫**과 **報無着**

무박해탈 세간무착무박해탈 불찰무착무
無縛解脫과 **世間無着無縛解脫**과 **佛刹無着無**

박해탈 중생무착무박해탈 법무착무박해
縛解脫과 **衆生無着無縛解脫**과 **法無着無縛解**

탈 지무착무박해탈
脫과 **智無着無縛解脫**이니라

"불자들이여, 보살마하살이 저러한 선근善根으로 이와 같이 회향하느니라. 이른바 마음에 집착 없고 속박 없이 해탈하며, 몸에 집착 없고 속박 없이 해탈하며, 입에 집착 없고 속박 없이 해탈하며, 업에 집착 없고 속박 없이 해탈하며, 과보에 집착 없고 속박 없이 해탈하며, 세간에 집착 없고 속박 없이 해탈하며, 부처님 세계에 집착 없고 속박 없이 해탈하며, 중생에 집착 없고 속박

없이 해탈하며, 법에 집착 없고 속박 없이 해탈하며, 지혜에 집착 없고 속박 없이 해탈하느니라."

무착무박해탈회향無着無縛解脫廻向을 정리하면 이와 같다. 마음과 몸과 말에 집착이 없고 속박이 없이 해탈한 것이다. 업과 업의 과보에 집착이 없고 속박이 없이 해탈한 것이다. 세간과 세계와 중생에 집착이 없고 속박이 없이 해탈한 것이다. 끝으로 법과 지혜에 집착이 없고 속박이 없이 해탈한 것이다. 이것이 무착무박해탈회향이다.

(12) 이익 이룸을 밝히다

보살마하살 여시회향시 여삼세제불 위
菩薩摩訶薩이 **如是廻向時**에 **如三世諸佛**이 **爲**

보살시 소수회향 이행회향 학과거제불
菩薩時에 **所修廻向**하야 **而行廻向**호대 **學過去諸佛**

회향 성미래제불회향 주현재제불회향
廻向하고 **成未來諸佛廻向**하고 **住現在諸佛廻向**하고

"보살마하살이 이와 같이 회향할 때에 삼세의 모든

부처님께서 보살로 계실 때 닦으시던 회향과 같이 회향하느니라. 과거 모든 부처님들의 회향을 배우며, 미래 모든 부처님들의 회향을 성취하며, 현재 모든 부처님들의 회향에 머무느니라."

집착이 없고 속박이 없이 해탈한 회향의 이익을 밝혔다. 과거와 미래와 현재의 모든 부처님께서 배우고 성취하고 머문 회향을 다 행하는 것이다.

안주과거제불회향도　　불사미래제불회향
安住過去諸佛廻向道하고 **不捨未來諸佛廻向**

도　　수순현재제불회향도
道하고 **隨順現在諸佛廻向道**하며

"또 과거 부처님들의 회향하던 길에 편안히 머물며, 미래 부처님들의 회향할 길을 버리지 아니하며, 현재 부처님들의 회향하는 길을 수순하느니라."

또 이 회향의 이익이다. 과거와 미래와 현재의 모든 부처님의 회향의 도에 안주하고, 버리지 아니하며, 수순하는 것이다.

근수과거제불교 성취미래제불교 요
勤修過去諸佛敎하고 成就未來諸佛敎하고 了
지현재제불교
知現在諸佛敎하며

"또 과거 모든 부처님의 가르침을 닦으며, 미래 모든 부처님의 가르침을 성취하며, 현재 모든 부처님의 가르침을 아느니라."

만족과거제불평등 성취미래제불평등
滿足過去諸佛平等하고 成就未來諸佛平等하고
안주현재제불평등
安住現在諸佛平等하며

"또 과거 모든 부처님의 평등을 만족하며, 미래 모든 부처님의 평등을 성취하며, 현재 모든 부처님의 평등에 머무느니라."

행과거제불경계 주미래제불경계 등
行過去諸佛境界하고 住未來諸佛境界하고 等

현재제불경계
現在諸佛境界하며

“또 과거 모든 부처님의 경계를 행하며, 미래 모든 부처님의 경계에 머물며, 현재 모든 부처님의 경계와 평등하니라.”

득삼세일체제불선근 구삼세일체제불종
得三世一切諸佛善根하며 具三世一切諸佛種

성 주삼세일체제불소행 순삼세일체제
性하며 住三世一切諸佛所行하며 順三世一切諸

불경계 불자 시위보살마하살 제구무착
佛境界하나니 佛子야 是爲菩薩摩訶薩의 第九無着

무박해탈심회향
無縛解脫心廻向이니라

“또 삼세 일체 모든 부처님의 선근을 얻으며, 삼세 일체 모든 부처님의 종성種性을 갖추며, 삼세 일체 모든 부처님의 행하심에 머물며, 삼세 일체 모든 부처님의 경계를 순종하느니라. 불자들이여, 이것이 보살마하살의 제9 집착이 없고 속박이 없이 해탈하는 마음의 회향이니라."

제9 집착이 없고 속박이 없이 해탈하는 마음의 회향에 대한 이익을 설하여 마쳤다.

(13) 과위果位를 밝히다

보살마하살 주차회향시 일체금강윤위
菩薩摩訶薩이 **住此廻向時**에 **一切金剛輪圍**

산 소불능괴 어일체중생중 색상제일
山의 **所不能壞**며 **於一切衆生中**에 **色相第一**이라

무능급자
無能及者며

"또한 보살마하살이 이 회향에 머물렀을 때에는 일체 금강윤위산金剛輪圍山이 깨뜨릴 수 없으며, 일체 중생 중에 몸매가 제일이어서 따를 이가 없느니라."

보살이 집착이 없고 속박이 없이 해탈하는 마음의 회향에 머물렀을 때 어떤 지위에 오르는가를 밝혔다. 다이아몬드는 오직 다이아몬드로 깎을 수 있고 다른 것으로는 깎을 수 없다고 한다. 이와 같이 견고한 다이아몬드도 이 회향을 깨뜨리지 못한다. 그리고 이 회향에 머물면 세상에서 가장 잘생긴 몸매를 얻어 누구도 비교할 수 없다고 하였다.

실능최파제마사업　보현시방일체세계
悉能摧破諸魔邪業하고 **普現十方一切世界**하야

수보살행　위욕개오일체중생　이선방편
修菩薩行하며 **爲欲開悟一切衆生**하야 **以善方便**으로

설제불법　득대지혜　어제불법　심무미혹
說諸佛法하야 **得大智慧**하야 **於諸佛法**에 **心無迷惑**하며

"또 모든 마군의 삿된 업을 꺾어 버리고 시방 일체 세계에 널리 나타나서 보살의 행을 닦으며, 일체 중생을 깨우치기 위하여 좋은 방편으로 모든 불법을 설하여 큰 지혜를 얻게 하며, 모든 부처님의 법에 마음이 미혹

하지 않게 되느니라."

제9 무착무박해탈회향에 머물게 되면 또 어떤 지위에 오르는가를 거듭 부연하였다. 마군의 삿된 업을 꺾어 버리고, 시방세계에서 보살의 행을 닦으며, 일체 중생을 깨닫게 하고자 훌륭한 방편으로 온갖 불법을 설하는 것 등이다.

재재생처 약행약주 상득치우불괴권속
在在生處의 若行若住에 常得値遇不壞眷屬하야

삼세제불 소설정법 이청정념 실능수지
三世諸佛의 所說正法을 以淸淨念으로 悉能受持하며

"또 태어나는 곳마다 다니거나 머무를 적에 무너지지 않는 권속을 항상 만나며, 삼세 모든 부처님들께서 말씀한 정법을 청정한 생각으로 다 받아 지니느니라."

진미래겁 수보살행 상불휴식 무소
盡未來劫토록 修菩薩行호대 常不休息하야 無所

의 착
依着하며

"또 미래의 겁이 다하도록 보살의 행을 닦아 항상 쉬지도 아니하고 의지하여 집착하지도 아니하느니라."

보현행원 증장구족 득일체지 시작
普賢行願이 增長具足하야 得一切智하야 施作
불사 성취보살 자재신통
佛事하야 成就菩薩의 自在神通이니라

"또 보현의 행行과 원願을 구족하게 증장하여 일체 지혜를 얻으며, 부처님의 일을 지어서 보살의 자재한 신통을 성취하느니라."

제9 무착무박해탈회향에 머물게 되면 많은 능력을 갖추고 궁극에는 보현의 행과 원을 더욱 구족하여 일체 지혜를 얻어서 중생 교화의 불사를 짓는 데 자유자재한 신통으로써 하게 된다. 중생 교화의 불사란 무엇인가. 육바라밀과 십바라밀과 십선과 사섭법과 사무량심과 인의예지 등 온갖 선행을 하는 것이다. 진정한 불교는 불법의 수행을 다 마치고 성불하여서는 다시 보살로 되돌아와서 이와 같은 선행을 세상에 널리 펼치는 불사를 짓는 일이다. 여기까지 제9 무착무박해탈회향의 장문을 마쳤다.

(14) 금강당金剛幢보살의 게송

이시　금강당보살　승불신력　보관시방
爾時에 **金剛幢菩薩**이 **承佛神力**하사 **普觀十方**

이설송언
하고 **而說頌言**하사대

그때에 금강당보살이 부처님의 위신력을 받들어 시방을 두루 살펴보고 게송을 설하였습니다.

1〉 회향할 바의 선근

보어시방무등존　미증일기경만심
普於十方無等尊에　**未曾一起輕慢心**하고

수기소수공덕업　역부공경생존중
隨其所修功德業하야　**亦復恭敬生尊重**이로다

시방에 같을 이 없는 어른님께
한 번도 소홀한 마음 일으키지 않고
닦으신 그 공덕과 업을 따라서
또다시 공경하고 존중한 마음 내도다.

제9 무착무박해탈회향의 장문을 설해 마치고 게송으로 간략히 거듭 밝힌다. 시방에 같을 이 없는 어른님이란 청정법신 비로자나부처님을 뜻한다. 모든 사람이 다 같이 갖추고 있는 차별 없는 참사람이며 참마음이며 참나이다. 그 당체를 인격화해서 '어른님'이라고 표현하였다. 참사람인 법신부처님께 단 한 번도 가벼운 마음 내지 않고 본래로 갖춘 무한한 그 공덕에 공경하고 존중하는 마음을 낸다.

소수일체제공덕 불위자기급타인
所修一切諸功德을 不爲自己及他人이라
항이최상신해심 이익중생고회향
恒以最上信解心으로 利益衆生故廻向이로다

수행한 일체 모든 공덕을

자기나 다른 이를 위하지 않고
언제나 가장 높은 신심으로써
중생에게 이익 주려고 회향하도다.

사람 사람은 누구나 본래로 무한한 공덕을 갖추고 있다. 사람이 본래로 갖춘 무한한 공덕은 무한한 생명과 무한한 능력이며 무한한 자비와 지혜다. 그 위대한 공덕을 자신만을 위하거나 다른 어떤 특정인을 위해서만 활용해서는 안 된다. 그것은 만인을 위해서 베풀라는 본래의 뜻을 저버리는 것이다. 올바른 이해와 믿음으로써 일체 중생을 이익하게 하려고 회향하는 것이다.

미 상 잠 기 고 만 심
未嘗暫起高慢心하며
역 부 불 생 하 열 의
亦復不生下劣意하고
여 래 소 유 신 등 업
如來所有身等業을
피 실 청 문 근 수 습
彼悉請問勤修習이로다

잠깐도 교만한 마음 내지 아니하고
또한 다시 못난 생각도 내지 않으며

여래의 몸과 말로 하시는 업業을
그가 모두 물어서 부지런히 닦아 익히도다.

청정법신부처님은 누구나 다 갖추고 있는 본래의 참마음 자리이다. 그러므로 교만한 마음을 일으켜서는 안 되며, 그렇다고 못났다는 하열한 마음을 내어서도 안 된다. 잘난 것도 없고 못난 것도 없는 평등한 세계이다. 법신여래의 본래 갖춘 일체 업을 묻고 알아서 부지런히 닦아야 한다.

2〉 보현의 구경의 경지境地

소 수 종 종 제 선 근　　실 위 이 익 제 함 식
所修種種諸善根이　　悉爲利益諸含識이라
안 주 심 심 광 대 해　　회 향 인 존 공 덕 위
安住深心廣大解하야　　廻向人尊功德位로다

닦은 바의 가지가지 모든 선근은
중생에게 이익 주기 위한 것이니
깊은 마음 광대한 이해理解에 안주하여
높은 어른 공덕의 지위에 회향하도다.

보살이 선행을 닦는 것은 자신의 깨달음이나 부유함을 누리기 위해서가 아니다. 오로지 중생들의 이익을 위해서다. 보살은 오직 요익중생이며, 불교도 오직 요익중생이다. 본래로 법신부처임을 알아 법신부처 안에 있는 무량공덕을 널리 베풀어 중생을 요익하게 하자는 것이다.

3〉 세간의 미세한 지혜

세간소유무량별　　종종선교기특사
世間所有無量別하니　**種種善巧奇特事**와

추세광대급심심　　미불수행개요달
麤細廣大及甚深을　**靡不修行皆了達**이로다

세간의 한량없이 차별한 일과
가지가지 공교롭고 기특한 일에
크고 작고 광대하고 깊은 것들을
모두 다 수행하여 통달하도다.

보살이 각양각색의 중생을 교화하려면 세간의 온갖 차별한 것을 다 알아야 한다. 가지가지 교묘하고 기이한 일과 크고 작고 광대하고 깊은 일을 다 수행하여 통달하여야 함을 밝혔다.

세간소유종종신 이신평등입기중
世間所有種種身에 以身平等入其中하야
어차수행득료오 혜문성취무퇴전
於此修行得了悟하니 慧門成就無退轉이로다

세간의 가지가지 있는 몸들에
이 몸으로 평등하게 다 들어가고
이렇게 수행하여 깨닫게 되면
지혜문智慧門 성취하여 퇴전하지 않도다.

또 세간의 가지가지 몸들에 보살의 몸으로 평등하게 다 들어간다는 것은 보살이 중생 교화를 위해 세상사를 일일이 다 알아야 함을 뜻한다. 그것이 중생을 위한 지혜의 성취다.

세간국토무량종 미세광대앙복별
世間國土無量種이라 微細廣大仰覆別이어든

보살능이지혜문 일모공중무불견
菩薩能以智慧門으로 一毛孔中無不見이로다

세간의 국토들이 한량이 없어
작고 크고 잦혀지고 엎어진 것을
보살들이 지혜의 밝은 문으로
한 모공毛孔 속에서 모두 다 보도다.

세간의 국토는 얼마나 여러 가지인가. 작고 크고 잦혀지고 엎어진 것들을 보살이 지혜로 미세한 데까지 다 들어가서 일일이 다 보아야 한다. 열반에만 깊이 빠져 있지 않고 무수한 중생을 모두 교화하는 방편이다.

4〉 중생들의 갈래

중생심행무유량 능령평등입일심
衆生心行無有量을 能令平等入一心하고
이지혜문실개오 어소수행불퇴전
以智慧門悉開悟하야 於所修行不退轉이로다

중생의 마음과 행行 한량없거늘

평등하게 한 마음 속에 들게 하고서
지혜로써 다 열어 깨우쳐 주며
수행하는 일에서 퇴전하지 않도다.

중생들의 갈래를 지옥, 아귀, 축생, 인도, 천도, 아수라로 나누어 설명하는데 그것은 모두 중생들의 마음이 자신의 의지대로 흘러가는 데 따른 것이다. 그 모든 마음의 흐름을 한 마음의 작용으로 섭수하여 열어 주고 깨우쳐 준다. 일체가 한마음이며 참마음의 변화이기 때문이다. 예컨대 바람에 따라 물결이 아무리 많이 인다 하더라도 하나의 물인 것과 같은 이치이다.

5〉 중생들의 세계

중 생 제 근 급 욕 낙
衆生諸根及欲樂이
상 중 하 품 각 부 동
上中下品各不同하야
일 체 심 심 난 가 지
一切甚深難可知어늘
수 기 본 성 실 능 료
隨其本性悉能了로다

중생의 근성이나 즐기는 욕망

상 · 중 · 하품 종류가 각각 다르고
모든 것 매우 깊어 알 수 없으나
근본 성품 따라서 모두 다 알도다.

중생들의 근성과 욕망이 상 · 중 · 하품을 따라 각각 달라서 그 종류가 어떠한지 알 수 없다. 그야말로 업력은 불가사의하다. 그러나 그 본성은 하나다. 오온과 육근으로 작용하여 천변만화하지만 그 재료는 오직 하나, 차별 없는 참사람이다. 예컨대 금으로 별의별 형상을 만들지만 그 재료는 금이라는 한 가지일 뿐인 것과 같다.

중생소유종종업　　상중하품각차별
衆生所有種種業의　**上中下品各差別**을
보살심입여래력　　이지혜문보명견
菩薩深入如來力하야　**以智慧門普明見**이로다

중생들의 짓고 있는 가지가지 업業
상 · 중 · 하품 제각기 차별한 것을
보살이 여래의 힘에 깊이 들어가

지혜의 문으로써 널리 밝게 보도다.

중생들이 짓는 업이 상·중·하이며, 다시 상에서 상·중·하가 있고, 중에서 또 상·중·하가 있고, 하에서도 또 상·중·하가 있다. 이와 같이 분별하면 팔만사천 가지다. 그러나 보살은 생명여래의 위대한 힘을 빌려 지혜의 문으로 낱낱이 다 알고 낱낱이 다 본다.

6〉 보살의 행行과 덕德

불가사의무량겁　　능령평등입일념
不可思議無量劫을　**能令平等入一念**하고

여시견이변시방　　수행일체청정업
如是見已徧十方하야　**修行一切淸淨業**이로다

헤아릴 수 없는 무량한 겁劫을
한 생각에 평등하게 들어가게 하나니
이와 같이 보고 나서 시방에 두루 하여
일체의 청정한 업을 닦아 행하도다.

한순간과 무량한 겁은 같은 것인가, 다른 것인가? 일념이 곧 무량겁이요, 무량겁이 곧 일념이다. 시간을 이와 같이 보고 나서 시방세계에 두루 하여 일체 청정한 업을 닦는다. 육바라밀과 십바라밀과 십선과 사섭법과 사무량심과 인의 예지를 시간과 공간에 장애 없이 수행한다. 이것이 보살의 행과 덕이다.

과 거 미 래 급 현 재　　요 지 기 상 각 부 동
過去未來及現在를　　**了知其相各不同**호대

이 역 불 위 평 등 리　　시 즉 대 심 명 달 행
而亦不違平等理하니　　**是則大心明達行**이로다

과거 미래 현재의 그 모양들이
제각기 다른 것을 분명히 알아
평등한 이치를 어기지 않나니
큰 마음 가진 이의 밝게 통달한 행이로다.

일념이 무량한 겁이고 무량한 겁이 일념이지만 과거와 미래와 현재가 각각 다른 것임을 분명히 안다. 각각 다른 것임을 분명히 알면서 또한 절대의 경지에서는 평등한 이치임을 어기지 않는다. 이것이 화엄경을 공부하는 대심중생大心衆生, 즉 큰 마음 가진 이의 밝게 통달한 행이다.

세 간 중 생 행 부 동　　　혹 현 혹 은 무 량 종
世間衆生行不同하야　**或顯或隱無量種**이어늘

보 살 실 지 차 별 상　　　역 지 기 상 개 무 상
菩薩悉知差別相하며　**亦知其相皆無相**이로다

세간 중생들의 행동이 각각이라
혹은 나타나고 혹은 숨고 한량없거늘
보살이 그 차별을 모두 알지만
또한 그 모양이 모양 없음을 다 아느니라.

세간 중생들의 업이 각각 다르고, 업이 각각 다르므로 그 행동도 또한 각각 다르다. 천차만별하고 천변만화한다. 무량무수하다. 그러나 그 모양 각각 다르나 일체가 모양 없는 무상無相이 근본이다. 모양이 없으므로 온갖 모양을 연출한다.

7〉 팔상성도八相成道의 인과因果

시 방 세 계 일 체 불　　　소 현 자 재 신 통 력
十方世界一切佛의　　　所現自在神通力이

광 대 난 가 득 사 의　　　보 살 실 능 분 별 지
廣大難可得思議어늘　　　菩薩悉能分別知로다

시방세계 일체의 부처님들의
자재하고 신통한 힘 나타내는 일
넓고 커서 헤아릴 수 없지만
보살들이 다 능히 분별해 알도다.

팔상성도의 인과란 세존의 일생을 근본으로 하여 도솔천에서 하강하시고, 가비라궁에 탄생하시고, 사대문을 나가 세상을 돌아보시고, 출가하여 수행하시고, 정각을 이루시고, 중생을 교화하신 등등의 내력을 회향의 차원으로 설하신 것이다.

실은 부처님은 도솔천을 떠나지 않고 이미 왕궁에 내려오셨으며, 모태에서 태어나기 전에 이미 중생을 다 제도하셨다. 이 소식을 알아야 화엄경을 제대로 읽는다. 이것이 화엄경을 푸는 열쇠다.

일체세계도솔중　　　자연각오인사자
一切世界兜率中에　　自然覺悟人獅子의

공덕광대정무등　　　여기체상실능견
功德廣大淨無等을　　如其體相悉能見이로다

일체 세계 도솔타천 그 가운데서
자연히 깨달으신 사람인 사자獅子의
공덕이 광대하고 짝 없이 청정한
그 자체의 모양과 같이 모두 보느니라.

부처님께서 도솔천에서 내려오시기 전에 이미 저절로 깨달으셨다. 선문禪門에서 도솔천을 떠나지 않고 이미 왕궁에 내려오셨다는 말과 그 뜻이 같은가, 다른가? 또 세존은 그 자리에서 공덕이 광대하고 짝이 없이 청정한 것을 실상과 같이 다 보아 안다. 한 먼지 속에 시방세계가 존재한다는 화엄의 이치를 알면 사람 사람이 본래로 광대무변한 공덕을 다 갖추고 있음을 아는 것이다.

혹현강신처모태　　무량자재대신변
或現降神處母胎와　無量自在大神變과

성불설법시멸도　　보변세간무잠이
成佛說法示滅度하야　普徧世間無暫已로다

도솔천에서 내려와서 어머니의 태에도 들고
한량없이 자재한 신통과 변화와
성불하여 설법하고 열반하는 일
세간에 두루 하여 잠깐도 쉬지 않도다.

2천6백여 년 전의 일이 아니라 지금도 쉬지 않고 그대로 행해지며, 인도의 가비라성에서만 있는 일이 아니라 시방세계 전역에서 이뤄지고 있는 일이다. 일체가 금여시今如是 고여시古如是다.

인중사자초생시　　일체승지실승봉
人中獅子初生時에　一切勝智悉承奉하며

제천제석범왕등　　미불공경이첨시
諸天帝釋梵王等이　靡不恭敬而瞻侍로다

사람 중의 사자가 처음 태어날 적에
온갖 지혜 있는 이가 모두 받들고
제석천왕, 범천왕, 하늘 사람들
우러러 공경하지 않는 이 없도다.

사람 중의 사자이신 세존께서 처음 탄생하실 때에 모든 천신과 사람들이 기뻐하고 받들어 공경하는 내용을 밝혔다.

시방일체무유여　　무량무변법계중
十方一切無有餘한　**無量無邊法界中**에
무시무말무하이　　시현여래자재력
無始無末無遐邇히　**示現如來自在力**이로다

시방의 모든 곳에 빈틈이 없는
한량없고 그지없는 법계 가운데
시작 없고 끝도 없고 원근遠近도 없이
여래의 자재한 힘 나타내도다.

우주법계와 시방세계가 아무리 넓어 끝이 없다 하여도

사람 사람의 한마음 여래는 그 끝에 다 가서 닿는다. 차별 없는 참사람 여래는 이르지 않는 데가 없다. 이것이 참마음의 자재한 힘이다.

인 중 존 도 현 생 이　　유 행 제 방 각 칠 보
人中尊導現生已에　　**遊行諸方各七步**하고

욕 이 묘 법 오 군 생　　시 고 여 래 보 관 찰
欲以妙法悟群生일새　　**是故如來普觀察**이로다

인간 중에 높으신 이 탄생하시자
사방으로 일곱 걸음 걸으시면서
묘한 법문 중생을 깨우치려고
여래께서 두루두루 관찰하도다.

세존께서 탄생하시고 사방으로 일곱 걸음을 걸으시면서 "천상천하 유아독존天上天下唯我獨尊"이라고 외쳐서 참사람의 위대함과 만 생명여래가 오직 한 생명여래임을 밝히셨다. 그것이 미묘한 법으로 중생을 깨우치고자 한 이치이다. 오온五蘊에 이끌려 다니는 중생이라도 참마음 참사람의 경지에서는 그대로가 변함없는 여래라는 이치이다.

견 제 중 생 침 욕 해　　　맹 암 우 치 지 소 부
見諸衆生沈欲海하야　**盲闇愚癡之所覆**하고

인 중 자 재 현 미 소　　　염 당 구 피 삼 유 고
人中自在現微笑하사　**念當救彼三有苦**로다

중생들이 욕심바다 빠져 있으며

어리석은 어둠 속에 있음을 보고

사람 가운데 자재한 분이 미소 지어서

저들의 삼계三界 고통 구하려 하도다.

사람들은 본래로 청정법신을 가진 위대한 참사람이지만 자타를 나누고 차별하면서 욕망의 바다에 빠지고 어리석은 어둠에 가려 있어서 법신여래의 참사람으로 살지 못하게 되었다. 그것을 회복시키고자 사람 가운데 자재한 분 부처님께서 미소 지어서 그 미소 짓는 참사람의 소식을 보여 주었다. 세존이 꽃을 드시니 가섭존자가 미소를 지었다는 염화미소와 유사한 이야기다. 세존의 미소나 가섭의 미소나 모두가 참사람을 보인 일이며, 진여법성을 보여 준 일이며, 자성생명을 보여 준 일이다.

대 사 자 후 출 묘 음　　　아 위 세 간 제 일 존
大獅子吼出妙音호대　**我爲世間第一尊**이니

응 연 명 정 지 혜 등　　　멸 피 생 사 우 치 암
應然明淨智慧燈하야　**滅彼生死愚癡闇**이로다

크고 묘한 사자후獅子吼 소리를 내어
세간에서 내가 제일 높은 자이니
마땅히 지혜의 밝은 등불 높이 들어서
생사의 어리석음을 소멸해 버리도다.

세존께서 태어나시자마자 아름다운 음성으로 사자후하시어 "천상과 천하에 내가 가장 존귀하다."라고 하셨다. 그리고 마땅히 지혜의 밝은 등불 높이 들어서 저 중생들의 생사의 어리석음을 소멸하셨다. 천상과 천하에 가장 존귀한 모든 사람의 불성진여는 본래 생사가 없는 경지다. 즉 생사 없는 이치를 깨우치려고 출현하신 것이다.

인 사 자 왕 출 세 시 　　 보 방 무 량 대 광 명
人獅子王出世時에 　　 普放無量大光明하사

영 제 악 도 개 휴 식 　　 영 멸 세 간 중 고 난
令諸惡道皆休息하야 　　 永滅世間衆苦難이로다

인간의 사자왕이 세상에 나실 때
한량없는 큰 광명 널리 놓아서
나쁜 갈래들을 모두 다 쉬게 하시고
세간의 모든 고통 영원히 소멸하도다.

부처님께서 이 세상에 출현하심은 중생들의 생사 문제를 해결할 뿐만 아니라 무수한 지혜의 가르침 광명[教光]을 놓아서 모든 악도를 쉬게 하고 세간의 일체 고통을 영원히 소멸하게 한 것이다. 즉 일체 중생으로 하여금 이고득락離苦得樂하게 한 것이다.

혹 시 시 현 처 왕 궁 　　 혹 현 사 가 수 학 도
或時示現處王宮하며 　　 或現捨家修學道하시니

위 욕 요 익 중 생 고 　　 시 기 여 시 자 재 력
爲欲饒益衆生故로 　　 示其如是自在力이로다

어느 때는 왕궁에 계시다가도
홀연히 출가하여 도道를 닦으니
중생을 요익하게 하기 위하여
이와 같이 자재한 힘을 보이시도다.

세존은 왕궁에서 출생하시고 성장한 뒤에는 사대문으로 나가 세상을 두루 살피셨다. 사람이 늙고 병들고 죽어 가는 모습을 본 뒤 그것에서 해탈하고자 수행을 위해 출가하셨다. 세속의 온갖 부귀영화를 헌신짝 버리듯이 버리시고 중생을 요익하게 하려고 자유자재한 능력을 보이신 것이다.

여 래 시 좌 도 량 시　　일 체 대 지 개 동 요
如來始坐道場時에　　**一切大地皆動搖**하야

시 방 세 계 실 몽 광　　육 취 중 생 함 리 고
十方世界悉蒙光하며　　**六趣衆生咸離苦**로다

여래께서 도량에 처음 앉으시니
일체의 땅덩어리 모두 다 진동하며
시방의 모든 세계 광명을 입어

여섯 갈래 중생들 모두 고통 떠나도다.

도량이란 부처님께서 정각을 이루신 장소다. 그곳을 보리도량이라 한다. 굳이 지역을 들자면 인도의 부다가야다. 그러나 부처님의 깨달음이 어찌 장소 때문이겠는가. 아무튼 부처님께서 깨달음의 도량에 앉으시니 온 대지는 진동하고 큰 광명이 두루 비쳤다. 그 광명이란 깨달음에 의한 진리의 가르침이다. 진리의 가르침은 2천6백여 년을 지나면서 지구 곳곳에 널리 퍼져 어리석은 사람들의 눈을 열어 주고 있다. 그 가르침을 듣고는 육도중생이 모두 다 고통에서 멀리 떠나게 된 것이다.

진동일체마궁전　　　개오시방중생심
震動一切魔宮殿하며　**開悟十方衆生心**하니

석증수화급수행　　　개사요지진실의
昔曾受化及修行하야　**皆使了知眞實義**로다

모든 마군의 궁전들을 진동하여서
시방 중생들의 마음을 깨우치시니

일찍이 교화 받고 수행하여
모두 다 진실한 뜻 알게 하도다.

팔상성도八相成道에 수하항마樹下降魔가 있다. 즉 부처님의 깨달음으로 마군을 항복 받았다는 뜻으로 표현한 것이다. 모든 마군의 궁전을 진동하였다는 것이 그것이다. 그와 같이 정각을 이루고 나서 시방의 중생들을 깨닫게 하였으니, 부처님은 일찍이 난행과 고행을 하여 중생들로 하여금 존재의 실상과 인생의 진실한 뜻을 알게 하였다.

시 방 소 유 제 국 토　　실 입 모 공 무 유 여
十方所有諸國土를　　**悉入毛孔無有餘**하고
일 체 모 공 찰 무 변　　어 피 보 현 신 통 력
一切毛孔刹無邊에　　**於彼普現神通力**이로다

시방에 널리 있는 모든 국토가
남김없이 모공毛孔에 다 들어가고
일체 모공의 끝없는 세계에
그곳마다 신통력을 두루 나타내도다.

시방의 모든 국토가 고정된 자성이 없으므로 한 모공에 다 들어간다. 일체 모공과 무변한 세계가 모두 고정된 자성이 없으므로 역시 다 들어간다. 이것은 일체 존재가 본래 갖춘 신통력을 널리 나타낸 것이다. 하나 가운데 일체가 있고 일체 가운데 하나가 있다. 예컨대 무수한 등불이 한 장소에서 다 같이 빛을 발해도 서로 장애가 없는 것과 같다. 또한 대나무 그림자가 뜰을 쓸고 지나가도 먼지 하나 일지 않고, 달빛이 못의 밑바닥까지 뚫어도 물에는 흔적 하나 없다.[3]

일 체 제 불 소 개 연　　　무 량 방 편 개 수 오
一切諸佛所開演한　　　無量方便皆隨悟하며

설 제 여 래 소 불 설　　　역 능 해 료 근 수 습
設諸如來所不說이라도　亦能解了勤修習이로다

모든 부처님들의 연설하신
한량없는 방편을 다 따라서 알며

3) 竹影掃階塵不動 月穿潭底水無痕.

설사 여래가 말씀하지 않았더라도
모두 알고 부지런히 닦아 익히도다.

부처님께서 정각을 이루시고 중생들을 교화하기 위해서 팔만사천 방편의 설법을 하셨다. 제자들은 너무 많은 설법을 하셨다고 생각하니, 세존이 어느 날 숲 속에 들어가서 나뭇잎을 한 줌 쥐고 물으셨다. "내 손의 나뭇잎이 많은가, 숲에 있는 나뭇잎이 많은가?" "숲에 있는 나뭇잎이 많습니다." "내가 그동안 설법한 것이 내 손에 있는 나뭇잎이라면 설하지 못한 것은 저 숲의 나뭇잎과 같다."

불교가 2천6백여 년을 지나오면서 그리고 온갖 지역의 민족과 풍속을 만나면서 수많은 방편이 첨가되었다. 세존이 설하지 못한 방편의 가르침이 얼마나 많겠는가. 보살은 이 모든 것을 닦아 익혀서 중생을 요익하게 한다.

변 만 삼 천 대 천 계　　일 체 마 군 흥 투 쟁
偏滿三千大千界한　　一切魔軍興鬪諍하야

소작무량종종악　　　무애지문능실멸
所作無量種種惡을　　　無礙智門能悉滅이로다

삼천대천세계에 충만해 있는
일체 마군들이 싸움을 걸어
지어 내는 가지가지 악한 일들을
걸림 없는 지혜로 모두 멸하도다.

부처님께서 정각을 이루기 전에 먼저 마군들을 항복 받았다. 그것은 자신의 참마음을 가리고 있던 여러 가지 생각과 감정과 눈과 귀와 코와 혀와 몸 등으로부터 감각하고 지각하는 자기중심적 느낌들이다. 자기라는 소아의 범주 안에서 다섯 가지 욕망을 중심으로 갈등하고 투쟁하고 발동하는 생각들이다. 이것들 때문에 참사람과 참마음과 참나의 선량한 자신을 망각하고 온갖 악을 짓는다. 참사람과 참성품을 보는 걸림 없는 지혜로써 모두 다 소멸하는 길을 가르친 것이 정각이다.

여래혹재제불찰　　혹부현처제천궁
如來或在諸佛刹하며　或復現處諸天宮하며

혹재범궁이현신　　보살실견무장애
或在梵宮而現身을　菩薩悉見無障礙로다

여래는 모든 부처님 세계에 있기도 하고
혹은 다시 온갖 천궁에 나타나시며
범천의 궁전에도 몸을 나타내시는데
보살이 모두 친견하여 장애가 없도다.

여래를 친견하려면 자아의식을 통해서 온갖 생각과 감정과 눈과 귀와 코와 혀와 몸으로 느끼는 것에서 벗어나서 차별 없는 참사람의 자리에 머물러야 한다. 차별 없는 참사람의 경지에 머물면 어디에서도 여래를 볼 수 있다. 어찌 천궁과 범천의 궁전뿐이겠는가. 어디에 있든 자신이 앉은자리에서 아무런 장애 없이 친견할 것이다. 그를 보살이라 한다.

불현무량종종신　　전어청정묘법륜
佛現無量種種身하사　轉於淸淨妙法輪하시니

내 지 삼 세 일 체 겁　　　구 기 변 제 불 가 득
乃至三世一切劫에　　**求其邊際不可得**이로다

부처님께서 한량없는 몸을 나타내어
청정하고 묘한 법륜法輪을 굴리시나니
삼세의 일체 겁劫이 다한다 해도
끝 간 데를 구하여도 얻을 수 없도다.

부처님께서 가지가지 몸을 나타내어 팔만사천 법을 설하시지만 과거와 현재와 미래에 부처님의 그 끝이 어디인지 찾아보아도 찾을 길이 없다. 팔만사천 법문이란 본래 부처인 참사람과 참사람의 위대함을 일깨우는 일이다.

보 좌 고 광 최 무 등　　　변 만 시 방 무 량 계
寶座高廣最無等하야　**徧滿十方無量界**호대
종 종 묘 상 이 장 엄　　　불 처 기 상 난 사 의
種種妙相而莊嚴이어든　**佛處其上難思議**로다

보배자리 높고 넓어 비길 데 없어
시방 무량세계에 가득하였고

가지가지 기묘奇妙하게 장엄했는데
부처님께서 위에 앉으시니 불가사의하도다.

부처님께서 앉으시는 사자좌를 보배자리라고도 한다. 그것은 부처님께서 정각을 이루고 중생을 교화하시는 일이 높은 자리이기 때문이다. 그것이 보배자리이다. 부처님의 위대한 가르침은 높고 넓어 비길 데 없으며 온 시방에 가득하다. 한 말씀 한 구절이 아름답고 미묘하기 그지없다. 화엄경의 문자가 아무리 많더라도 한 자 한 구절이 지나가고 한 장 한 장 넘어가는 책장이 존귀하고 소중하기 이를 데 없다. 참으로 불가사의하다.

제 불 자 중 공 위 요　　진 어 법 계 실 주 변
諸佛子衆共圍遶하야　**盡於法界悉周徧**이어든

개 시 보 리 무 량 행　　일 체 최 승 소 유 도
開示菩提無量行하나니　**一切最勝所由道**로다

수없는 불자들이 둘러 모시고
온 법계에 빈틈없이 두루했는데

한량없는 보리행菩提行을 열어 보이시니
가장 수승한 이들의 행하는 길이로다.

처처가 보리도량이다. 곳곳에서 부처님의 정법을 드날리면서 항상 부처님을 둘러 모시고 한량없는 보리행을 수학하는 것이다. 이것이 참다운 불자와 참다운 화엄행자들이 살아가는 길이다. 또한 인생 최고의 축제를 누리는 일이다.

제 불 수 의 소 작 업　　　무 량 무 변 등 법 계
諸佛隨宜所作業이　　　無量無邊等法界어늘
지 자 능 이 일 방 편　　　일 체 요 지 무 부 진
智者能以一方便으로　　一切了知無不盡이로다

모든 부처님께서 편의를 따라 지으시는 일
한량없고 그지없어 법계와 평등하며
지혜로운 사람은 능히 하나의 방편으로
일체를 다 알아 남음이 없도다.

모든 부처님께서 편의를 따라 지으시는 일은 무엇일까?

또한 한량없고 그지없는 법계와 같이 넓고 크게 두루 한 일은 무엇일까? 지혜로운 사람은 능히 하나의 일로 일체를 남김없이 다 안다고 하였다. 부처님께서 수행하여 얻으신 과보의 몸을 보신報身이라고 한다. 그것은 부처님께서 2천6백여 년 동안 온 인류에 끼치신 덕화며 법화法化며 영향력이다. 화엄경으로부터 목탁과 죽비와 전 세계에 펼쳐져 있는 작은 포교당과 유서 깊은 큰 사찰과 온갖 불교사상과 문화들이다. 또한 모든 불자의 불교적 행위들이다. 이 모든 것이 부처님께서 편의를 따라 지으시는 일이다.

제 불 자 재 신 통 력　　　　시 현 일 체 종 종 신
諸佛自在神通力으로　**示現一切種種身**하사대
혹 현 제 취 무 량 생　　　　혹 현 채 녀 중 위 요
或現諸趣無量生하며　**或現婇女衆圍遶**로다

부처님의 자재하고 신통하신 힘
가지가지 온갖 몸을 나타내시니
여러 갈래 한량없이 태어도 나고
어떤 때는 채녀婇女들이 둘러앉았도다.

부처님께서 자재하신 신통력으로 나타내시는 모습은 각양각색이다. 모두가 중생을 교화하기 위한 방편의 모습이다. 부처님의 실다운 법신은 원융하여 차별이 없는 경지이지만 교화 방편으로 갖가지 차별한 모습을 자유롭게 나타내신다.

혹어무량제세계 시현출가성불도
或於無量諸世界에 **示現出家成佛道**하시며

내지최후반열반 분포기신기탑묘
乃至最後般涅槃이어시든 **分布其身起塔廟**로다

어떤 때는 한량없이 많은 세계에서
출가하여 성불하신 모습을 보이기도 하고
최후에는 열반에 드신 뒤에
사리를 나누어서 탑을 세우도다.

부처님의 일생이 위대하심은 아무리 강조해도 지나치지 않다. 중생들을 교화하기 위해 발심 출가하여 정각을 이룬 뒤 널리 진리의 가르침을 펴다가 열반에 드셨다. 육신을 다

비하고 사리를 수습하여 전 세계에 널리 나누어 탑묘를 세우고 공양 예배한다. 법을 설하신 내용은 제자들이 결집하여 끊임없이 연구하며 반복하여 독송하고 천착하며 학습한다. 이와 같은 사실은 2천6백여 년이 흐르도록 조금도 변함없이 생생하게 전해지고 있다. 모든 인류가 의지하고 따라야 할 삶의 지침이다. 이 얼마나 소중하고 값진 유산인가.

여 시 종 종 무 변 행　　도 사 연 설 불 소 주
如是種種無邊行을　　導師演說佛所住라

세 존 소 유 대 공 덕　　서 원 수 행 실 령 진
世尊所有大功德을　　誓願修行悉令盡이로다

이와 같이 가지가지 끝없는 행을
도사導師들이 부처님의 삶이라 연설하시니
세존께서 지니신 크나큰 공덕을
맹세코 수행하여 성취하리라.

팔상성도의 인과를 통해서 부처님의 내력과 삶을 간략히 돌아보았지만 실로 부처님 삶의 행적은 아무리 설명하고 부연해서 강조해도 부족하다. 항상 설하고 두루 널리 설해야 한다. 여기서 도사導師란 불법을 공부하고 전파하는 보살과 조사와 선지식과 법사와 강사와 포교사를 모두 말한다. 이 모든 도사들이 부처님의 생애와 진리의 가르침과 공덕을 설하는 것은 모든 사람들이 맹세코 배우고 익혀서 빠짐없이 보살행을 실천하는 세상을 만들려고 하는 것이다.

이피선근회향시　　　수어여시방편법
以彼善根廻向時에　　**住於如是方便法**하야

여시수습보리행　　　기심필경무염태
如是修習菩提行호대　**其心畢竟無厭怠**로다

저러한 선근으로 회향할 때에
이와 같은 방편법에 머무르면서
이와 같은 보리행菩提行을 닦아 익히되
그 마음은 필경까지 게으르지 않도다.

중생을 위해서 베푸는 선근 회향이 무수히 많지만 부처님의 일생인 팔상성도를 자세히 돌아보고 반복하여 공부하고 익히게 하는 것을 선근 회향하는 일이 가장 훌륭한 교화 방편이다. 그것은 곧 보리행인 깨달음의 길로 나아가는 일이기 때문이다. 불법에 대한 신심과 환희심으로 살아가는 수행자는 이와 같은 선근 회향하는 일에 영원히 게으르지 않는다. 날마다날마다 정진하는 마음이 견고하기가 금강과 같다. 매일매일이 즐겁고 행복한 날이다. 그것이야말로 일일시호일日日是好日이다.

8〉 능히 아는 덕德을 밝히다

여 래 소 유 대 신 통　　급 이 무 변 승 공 덕
如來所有大神通과　　**及以無邊勝功德**과

내 지 세 간 제 지 행　　일 체 실 지 무 부 진
乃至世間諸智行을　　**一切悉知無不盡**이로다

여래가 가지시는 신통한 힘과
그지없이 수승한 많은 공덕과
세간의 여러 가지 지혜의 행을
일체를 남김없이 다 알도다.

제9 무착무박해탈회향의 보살은 여래의 큰 신통과 끝없고 수승한 공덕과 세간에 대해 모든 것을 아는 지혜의 행을 다 잘 안다. 이 내용은 집착이 없고 속박이 없는 해탈을 성취한 사람은 차별 없는 참사람이 본래로 갖추고 있는 공적하면서 신령스럽게 모든 것을 다 아는 능력을 마음껏 발휘한다는 것이다. 이것이 사람 사람이 본래 갖춘 모든 것을 다 아는 덕이다. 본래 갖춘 덕이 아니라면 제9 회향에 오른들 어찌 알겠는가.

여시일체인중주　　수기소유제경계
如是一切人中主의　隨其所有諸境界를

어일념중개요오　　이역불사보리행
於一念中皆了悟호대　而亦不捨菩提行이로다

이와 같이 일체 사람 중에 주인 되시는
그가 소유한 모든 경계를
한 생각에 모두 다 깨달아 알되
또한 보리행菩提行을 버리지 않도다.

여래는 일체 사람 가운데 주인이다. 여래가 아는 모든 경계에 집착이 없고 속박이 없는 해탈을 성취한 보살은 한 생각에 모두 다 깨달아 안다. 알기만 하는 것이 아니라 위로는 부처님의 깨달음을 항상 추구하고 아래로는 육바라밀과 십바라밀과 십선과 사무량심과 사섭법과 인의예지 등으로 중생을 교화하는 일을 버리지 않는다.

제 불 소 유 미 세 행　　급 일 체 찰 종 종 법
諸佛所有微細行과　**及一切刹種種法**을

어 피 실 능 수 순 지　　구 경 회 향 도 피 안
於彼悉能隨順知하야　**究竟廻向到彼岸**이로다

모든 부처님께서 소유하신 미세한 행과
일체 세계의 가지가지 법들을
그것에 수순하여 모두 다 알고
구경에는 회향하여 저 언덕에 이르도다.

집착이 없고 속박이 없는 해탈을 성취한 보살은 모든 부처님의 미세한 행과 일체 세계의 가지가지 법을 다 안다. 나아가서 그 아는 것을 다시 회향하여 깨달음의 저 언덕에 이르게 된다.

9〉 겁劫을 아는 지혜

유수무수일체겁　　보살요지즉일념
有數無數一切劫을　菩薩了知卽一念하고

어차선입보리행　　상근수습불퇴전
於此善入菩提行하야　常勤修習不退轉이로다

수數가 있고 수가 없는 모든 겁을
보살은 일념인 줄 분명히 알고
거기에서 보리행에 잘 들어가
항상 부지런히 수행하여 퇴전하지 않도다.

법성게에 "한량없이 먼 겁이 곧 일념이고, 일념이 곧 한량없는 겁이로다. 구세九世와 십세十世가 서로서로 함께 있으면서 또한 잡란하지 않고 따로따로 성립하였네."[4]라고 하였다. 집착이 없고 속박이 없는 해탈을 성취한 보살은 이와 같

4) 無量遠劫卽一念 一念卽是無量劫 九世十世互相卽 仍不雜亂隔別成.

은 이치를 잘 알고 마음껏 활용한다. 구세는 과거 현재 미래에 각각 과거 현재 미래가 있으므로 합해서 구세가 되고, 십세는 구세와 현전의 일념을 함께 이른 것이다.

10〉 세간世間을 아는 지혜

시방소유무량찰 혹유잡염혹청정
十方所有無量刹의 **或有雜染或淸淨**과

급피일체제여래 보살실능분별지
及彼一切諸如來를 **菩薩悉能分別知**로다

시방에 한량없는 모든 세계가
더러운 것도 있고 깨끗하기도 한데
거기 계신 일체 모든 부처님을
보살이 분별하여 능히 잘 알도다.

세간에는 더러움과 청정함이 함께 뒤섞여 있다. 선과 악이 함께하고 있다. 바른 것과 그릇된 것이 같이 존재한다. 그럼에도 그곳에는 순수한 선善이며 참나인 부처님이 있고, 여래가 있고, 참사람이 있다. 집착이 없고 속박이 없는 해탈을 성취한 보살은 그 모든 관계를 다 잘 안다. 참다운 성품은 깊고 깊어 지극히 미묘한데 그 본성품을 지키지 아니하고 인간의 생각을 따르고 감정을 따르고 오온과 육근을 따라 눈에 보이는 세상과 같이 어지럽게 천변만화함을 다 잘 안다.

11〉 법계法界를 아는 지혜

어 염 념 중 실 명 견　　　불 가 사 의 무 량 겁
於念念中悉明見　　　**不可思議無量劫**하고

여 시 삼 세 무 유 여　　　구 족 수 치 보 살 행
如是三世無有餘하야　　**具足修治菩薩行**이로다

순간순간 가운데
불가사의한 한량없는 겁을 다 분명히 보고
이와 같은 삼세三世에서 남김이 없이
보살행을 구족하게 닦아 행하도다.

어일체심평등입　　　입일체법역평등
於一切心平等入하고　入一切法亦平等하며

진공불찰사역연　　　피최승행실요지
盡空佛刹斯亦然하니　彼最勝行悉了知로다

일체의 마음속에 평등하게 다 들어가고
일체의 법에 들어감도 역시 평등하며
온 허공의 세계에도 또한 그러하거늘
가장 수승한 행을 닦는 이가 모두 다 알도다.

집착이 없고 속박이 없는 해탈을 성취한 보살이 법계를 다 아는 지혜를 밝혔다. 한순간에 불가사의한 한량없는 겁을 다 분명히 보고 그 오랜 세월에 보살행을 구족하게 닦아 행한다. 일체 마음속에도 다 들어가고 일체 법에도 다 들어가 온 허공법계를 남김이 없다. 이것이 가장 수승한 행을 닦는 보살이 아는 경계이다.

12〉 법을 아는 지혜

출생중생급제법 소유종종제지혜
出生衆生及諸法의 所有種種諸智慧하며

보살신력역부연 여시일체무궁진
菩薩神力亦復然하니 如是一切無窮盡이로다

중생과 그리고 모든 법에 대한
가지가지 모든 지혜를 내며
보살의 신통력도 또한 다시 그러하니
이와 같은 일체를 다함이 없도다.

집착이 없고 속박이 없는 해탈을 성취한 보살이 법을 아는 지혜를 밝혔다. 이와 같은 보살은 온갖 중생과 일체 제법에 대한 가지가지 지혜를 다 내어 모르는 것이 없다. 지혜와 같이 보살의 신통력도 또한 그러하다.

13〉 일체 법을 아는 지혜

제미세지각차별 보살진섭무유여
諸微細智各差別을 菩薩盡攝無有餘하야

동 상 이 상 실 선 지　　　여 시 수 행 광 대 행
同相異相悉善知하고　如是修行廣大行이로다

미세한 온갖 지혜로 제각기 차별한 것을
보살이 남김없이 다 거두어
같은 모양 다른 모양 모두 다 알고서
이와 같이 광대한 행을 닦아 행하도다.

시 방 무 량 제 불 찰　　　기 중 중 생 각 무 량
十方無量諸佛刹에　其中衆生各無量하니

취 생 족 류 종 종 수　　　주 행 력 이 실 능 지
趣生族類種種殊를　住行力已悉能知로다

시방에 한량없는 부처님 세계
그 가운데 중생도 한량이 없고
태어나는 종류도 다 다르거늘
주住와 행行의 힘으로 모두 다 알도다.

집착이 없고 속박이 없는 해탈을 성취한 보살이 일체 법을 아는 지혜를 밝혔다. 이 보살이 미세한 온갖 지혜로 같은 모양과 다른 모양의 제각기 차별한 법을 모두 다 안다. 이것은 광대한 행이다. 또 시방의 한량없는 세계에 한량없는 중생이 그 가운데에 있고 그 중생들이 태어나는 종류도 각각 다른데 십주十住와 십행十行을 닦은 힘으로 일체를 모두 다 안다.

14〉 이익 이룸을 밝히다

과 거 미 래 현 재 세　　　　소 유 일 체 제 도 시
過去未來現在世에　　　**所有一切諸導師**를

약 인 지 차 이 회 향　　　　즉 여 피 불 행 평 등
若人知此而廻向하면　　**則與彼佛行平等**이로다

과거 미래 현재의 모든 세상에
계시는 바 일체의 모든 도사道師들을
만약 어떤 사람이 모두 알고 회향한다면
그 부처님의 수행과 평등하리라.

약 인 능 수 차 회 향　　　즉 위 학 불 소 행 도
若人能修此廻向하면　則爲學佛所行道니

당 득 일 체 불 공 덕　　　급 이 일 체 불 지 혜
當得一切佛功德과　及以一切佛智慧로다

만약 어떤 이가 이 회향을 닦기만 하면
부처님께서 행하신 도道를 배우게 되고
마땅히 일체 부처님의 높은 공덕과
부처님의 지혜를 얻게 되리라.

만약 집착이 없고 속박이 없는 해탈 회향을 성취한 보살이라면 과거와 현재와 미래의 일체 부처님의 수행과 평등하리라. 또 이 회향을 닦은 보살이라면 곧바로 부처님께서 행하신 도를 배우는 것이 되며 일체 부처님의 모든 공덕과 지혜를 얻게 되리라. 제9 집착이 없고 속박이 없는 해탈 회향이 얼마나 위대한 회향인가를 증명하는 내용이다. 이것이 이 회향의 이익이다.

15〉과위果位를 말하다

일 체 세 간 막 능 괴　　　일 체 소 학 개 성 취
一切世間莫能壞라　　　一切所學皆成就하고

상 능 억 념 일 체 불　　　상 견 일 체 세 간 등
常能憶念一切佛하야　　　常見一切世間燈이로다

모든 세간 사람이 파괴 못하고

일체의 배울 것을 다 성취하여

모든 부처님을 항상 생각하여서

일체 세간의 등불을 항상 보도다.

보 살 승 행 불 가 량　　　제 공 덕 법 역 여 시
菩薩勝行不可量이며　　　諸功德法亦如是하니

이 주 여 래 무 상 행　　　실 지 제 불 자 재 력
已住如來無上行하야　　　悉知諸佛自在力이로다

보살의 수승한 행行 측량 못함이여

모든 공덕의 법도 그러하거늘

여래의 가장 높은 행에 이미 머문 이가

모든 부처님의 자재한 힘 모두 알도다.

제9 집착이 없고 속박이 없는 해탈 회향의 과위를 밝혔다. 모든 세간 사람이 이 회향을 파괴하지 못하고 또한 일체의 배울 것을 다 성취하였다. 그래서 모든 부처님인 일체 세간의 등불을 항상 생각하고 친견한다. 이 지위에 오른 보살의 그 수승한 행을 어느 누구도 측량하지 못한다. 또한 여래의 가장 높은 행에 이미 올랐고 부처님의 자재한 힘까지 모두 다 안다. 이것이 제9 집착이 없고 속박이 없는 해탈 회향의 과위이다. 여기까지 제9 무착무박해탈회향의 장문과 게송을 설하여 마쳤다.

십회향품 9 끝

〈제31권 끝〉

華嚴經 構成表

<table>
<tr><th>分次</th><th colspan="2">周次</th><th>內容</th><th>品數</th><th>會次</th></tr>
<tr><td>擧果勸樂生信分
(信)</td><td colspan="2">所信因果周</td><td>如來依正</td><td>世主妙嚴品 第一
如來現相品 第二
普賢三昧品 第三
世界成就品 第四
華藏世界品 第五
毘盧遮那品 第六</td><td>初會</td></tr>
<tr><td rowspan="9">修因契果生解分
(解)</td><td rowspan="7">差別因果周</td><td rowspan="6">差別因</td><td>十信</td><td>如來名號品 第七
四聖諦品 第八
光明覺品 第九
菩薩問明品 第十
淨行品 第十一
賢首品 第十二</td><td>二會</td></tr>
<tr><td>十住</td><td>昇須彌山頂品 第十三
須彌頂上偈讚品 第十四
十住品 第十五
梵行品 第十六
初發心功德品 第十七
明法品 第十八</td><td>三會</td></tr>
<tr><td>十行</td><td>昇夜摩天宮品 第十九
夜摩天宮偈讚品 第二十
十行品 第二十一
十無盡藏品 第二十二</td><td>四會</td></tr>
<tr><td>十廻向</td><td>昇兜率天宮品 第二十三
兜率宮中偈讚品 第二十四
十廻向品 第二十五</td><td>五會</td></tr>
<tr><td>十地</td><td>十地品 第二十六</td><td>六會</td></tr>
<tr><td>等覺</td><td>十定品 第二十七
十通品 第二十八
十忍品 第二十九
阿僧祇品 第三十
如來壽量品 第三十一
菩薩住處品 第三十二</td><td rowspan="4">七會</td></tr>
<tr><td>差別果</td><td rowspan="3">妙覺</td><td>佛不思議法品 第三十三
如來十身相海品 第三十四
如來隨好光明功德品 第三十五</td></tr>
<tr><td rowspan="2">平等因果周</td><td>平等因</td><td>普賢行品 第三十六</td></tr>
<tr><td>平等果</td><td>如來出現品 第三十七</td></tr>
<tr><td>托法進修成行分
(行)</td><td colspan="2">成行因果周</td><td>二千行門</td><td>離世間品 第三十八</td><td>八會</td></tr>
<tr><td>依人證入成德分
(證)</td><td colspan="2">證入因果周</td><td>證果法門</td><td>入法界品 第三十九</td><td>九會</td></tr>
</table>

(資料：文殊經典研究會)

會場	放光別	會主	入定別	說法別擧
菩提場	遮那放齒光眉間光	普賢菩薩爲會主	入毘盧藏身三昧	如來依正法
普光明殿	世尊放兩足輪光	文殊菩薩爲會主	此會不入定・ 信未入位故	十信法
忉利天宮	世尊放兩足指光	法慧菩薩爲會主	入無量方便三昧	十住法門
夜摩天宮	如來放兩足趺光	功德林菩薩爲會主	入菩薩善思惟三昧	十行法門
兜率天宮	如來放兩膝輪光	金剛幢菩薩爲會主	入菩薩智光三昧	十廻向法門
他化天宮	如來放眉間毫相光	金剛藏菩薩爲會主	入菩薩大智慧光明三昧	十地法門
再會普光明殿	如來放眉間口光	如來爲會主	入剎那際三昧	等妙覺法門
三會普光明殿	此會佛不放光・ 表行依解法依解光故	普賢菩薩爲會主	入佛華莊嚴三昧	二千行門
祇陀園林	放眉間白毫光	如來善友爲會主	入獅子頻申三昧	果法門

如天 無比

1943년 영덕에서 출생하였다. 1958년 출가하여 덕흥사, 불국사, 범어사를 거쳐 1964년 해인사 강원을 졸업하고 동국역경연수원에서 수학하였다. 10여 년 선원생활을 하고 1976년 탄허스님에게 화엄경을 수학하고 전법, 이후 통도사 강주, 범어사 강주, 은해사 승가대학원장, 대한불교조계종 교육원장, 동국역경원장, 동화사 한문불전승가대학원장 등을 역임하였다.
현재 부산 문수선원 문수경전연구회에서 150여 명의 스님과 250여 명의 재가 신도들에게 화엄경을 강의하고 있다. 또한 다음 카페 '염화실'(http://cafe.daum.net/yumhwasil)을 통해 '모든 사람을 부처님으로 받들어 섬김으로써 이 땅에 평화와 행복을 가져오게 한다.'는 인불사상(人佛思想)을 펼치고 있다.

저서로 『법화경 법문』, 『신금강경 강의』, 『직지 강설』(전 2권), 『법화경 강의』(전 2권), 『신심명 강의』, 『임제록 강설』, 『대승찬 강설』, 『유마경 강설』, 『당신은 부처님』, 『사람이 부처님이다』, 『이것이 간화선이다』, 『무비 스님과 함께하는 불교공부』, 『무비 스님의 증도가 강의』, 『일곱 번의 작별인사』, 무비 스님이 가려 뽑은 명구 100선 시리즈(전 4권) 등이 있고 편찬하고 번역한 책으로 『화엄경(한글)』(전 10권), 『화엄경(한문)』(전 4권), 『금강경 오가해』 등이 있다.

대방광불화엄경 강설 제31권

| 초판 1쇄 발행_ 2015년 11월 12일
| 초판 2쇄 발행_ 2018년 4월 4일

| 지은이_ 여천 무비(如天 無比)
| 펴낸이_ 오세룡
| 편집_ 박성화 손미숙 정선경 이연희
| 기획_ 최은영
| 디자인_ 고혜정 김효선 장혜정
| 홍보 마케팅_ 이주하
| 펴낸곳_ 담앤북스
서울특별시 종로구 사직로8길 34 (내수동) 경희궁의 아침 3단지 926호
대표전화 02)765-1251 전송 02)764-1251 전자우편 damnbooks@hanmail.net
출판등록 제300-2011-115호
| ISBN 978-89-98946-77-7 04220

정가 14,000원

法主金剛幢菩薩